KB211403

# 5급 한자 200자 브로마이드

| 5급-001 | 5급-002 | 5급-003 | 5급-004 | 5급-005 | 5급-006 |
|---|---|---|---|---|---|
| 士 | 己 | 亡 | 元 | 凶 | 切 |
| 선비 사 | 자기, 몸 기 | 망할 망 | 으뜸 원 | 흉할 흉 | 끊을 절 \| 온통 체 |
| 5급-007 | 5급-008 | 5급-009 | 5급-010 | 5급-011 | 5급-012 |
| 化 | 友 | 止 | 比 | 牛 | 仕 |
| 될 화 | 벗 우 | 그칠 지 | 견줄 비 | 소 우 | 벼슬할 사 |
| 5급-013 | 5급-014 | 5급-015 | 5급-016 | 5급-017 | 5급-018 |
| 他 | 仙 | 令 | 以 | 充 | 加 |
| 다를 타 | 신선 선 | 영 령(영) | 써 이 | 가득할 충 | 더할 가 |
| 5급-019 | 5급-020 | 5급-021 | 5급-022 | 5급-023 | 5급-024 |
| 去 | 可 | 史 | 必 | 打 | 末 |
| 갈 거 | 옳을 가 | 역사 사 | 반드시 필 | 칠 타 | 끝 말 |
| 5급-025 | 5급-026 | 5급-027 | 5급-028 | 5급-029 | 5급-030 |
| 氷 | 示 | 件 | 任 | 再 | 吉 |
| 얼음 빙 | 보일 시 | 사건, 물건 건 | 맡길 임 | 두, 거듭할 재 | 길할 길 |
| 5급-031 | 5급-032 | 5급-033 | 5급-034 | 5급-035 | 5급-036 |
| 因 | 宅 | 州 | 曲 | 考 | 耳 |
| 인할 인 | 집 택 \| 댁 댁 | 고을 주 | 굽을 곡 | 생각할 고 | 귀 이 |
| 5급-037 | 5급-038 | 5급-039 | 5급-040 | 5급-041 | 5급-042 |
| 臣 | 位 | 兵 | 冷 | 初 | 告 |
| 신하 신 | 자리 위 | 군사 병 | 찰 랭(냉) | 처음 초 | 알릴 고 |
| 5급-043 | 5급-044 | 5급-045 | 5급-046 | 5급-047 | 5급-048 |
| 完 | 局 | 序 | 技 | 改 | 束 |
| 완전할 완 | 판, 국 국 | 차례, 머리말 서 | 재주 기 | 고칠 개 | 묶을, 약속할 속 |

5급 합격 파이팅!!

| 5급-049 | 5급-050 | 5급-051 | 5급-052 | 5급-053 | 5급-054 |
|---|---|---|---|---|---|
| 材 | 決 | 汽 | 災 | 良 | 見 |
| 재목 재 | 결정할, 끊을 결 | 김, 증기 기 | 재앙, 화재 재 | 어질, 좋을 량(양) | 볼 견 \| 나타날 현 |
| 5급-055 | 5급-056 | 5급-057 | 5급-058 | 5급-059 | 5급-060 |
| 赤 | 兒 | 具 | 典 | 到 | 卒 |
| 붉을 적 | 아이 아 | 갖출, 그릇 구 | 법, 책 전 | 다다를 도 | 군사, 마칠 졸 |
| 5급-061 | 5급-062 | 5급-063 | 5급-064 | 5급-065 | 5급-066 |
| 卓 | 固 | 奉 | 店 | 念 | 性 |
| 뛰어날, 탁자 탁 | 굳을, 본디 고 | 받들 봉 | 가게 점 | 생각, 윌 념(염) | 성품, 성별 성 |
| 5급-067 | 5급-068 | 5급-069 | 5급-070 | 5급-071 | 5급-072 |
| 板 | 法 | 河 | 爭 | 的 | 知 |
| 널빤지 판 | 법, 방법 법 | 물 하 | 다툴 쟁 | 과녁, 접미사 적 | 알, 깨달을 지 |
| 5급-073 | 5급-074 | 5급-075 | 5급-076 | 5급-077 | 5급-078 |
| 雨 | 則 | 品 | 客 | 屋 | 建 |
| 비 우 | 법칙 칙 \| 곧(어조사) 즉 | 물건, 품격 품 | 손(님) 객 | 집, 지붕 옥 | 세울 건 |
| 5급-079 | 5급-080 | 5급-081 | 5급-082 | 5급-083 | 5급-084 |
| 思 | 査 | 洗 | 炭 | 相 | 約 |
| 생각할, 그리워할 사 | 조사할 사 | 씻을 세 | 숯 탄 | 서로 상 | 약속할, 대략 약 |
| 5급-085 | 5급-086 | 5급-087 | 5급-088 | 5급-089 | 5급-090 |
| 要 | 首 | 倍 | 原 | 害 | 展 |
| 요긴할, 구할 요 | 머리 수 | 곱 배 | 근본, 벌판 원 | 해할 해 | 펼 전 |
| 5급-091 | 5급-092 | 5급-093 | 5급-094 | 5급-095 | 5급-096 |
| 島 | 效 | 料 | 旅 | 格 | 案 |
| 섬 도 | 본받을 효 | 헤아릴, 거리 료(요) | 나그네 려(여) | 격식, 바로잡을 격 | 책상, 생각할 안 |

5급 한자능력시험 완벽 대비 워크북!!

# 한자도둑 고수격파

5급 200자

## 생각이 깊어지려면 한자 공부는 필수!!

'만세 삼창'을 앵무새 앞에서 해 보면 어떨까요? '우리나라 만세! 만세! 만세!' 앵무새도 잘 따라 할 것입니다. 하지만 무슨 뜻인지, 무슨 영문인지 모르고 그저 소리만 냅니다. 그렇다면 우리 학생들은 어떨까요? 초등학생들에게 직접 조사해 본 결과, 한자 공부를 하지 않은 학생들은 앵무새나 마찬가지였습니다. '만세'라고 정확하게 따라 말할 수는 있지만, 앵무새처럼 만세의 뜻은 모르고 있었습니다. 〈코믹 메이플스토리 한자도둑 시리즈〉를 애독한 학생들은 그렇지 않을 것입니다. '일만 만'(萬)과 '해 세'(歲)를 쓰는 것이니, 만년(萬年)과 같은 말이고, 만년토록, 즉 '영원하라!'는 뜻으로 '우리나라 만세'를 부르는 것임을 정확하게 알 것입니다.

한자 공부를 한 학생과 한글만 아는 학생은 생각의 깊이가 다를 수밖에 없습니다. 그래서 남보다 더 많은 것을 알고 깨달으려면 꼭 한자 공부가 필요합니다. 〈코믹 메이플스토리 한자도둑 시리즈〉는 한자어(낱말)를 중심으로 엮어져 있어서, 낱글자를 대상으로 하고 있는 다른 한자만화책에 비하여 월등히 높은 학습효과로 그동안 학생들과 학부모님들의 사랑을 독차지하였습니다. 그리고 한자 급수를 중심으로 엮어져 있기 때문에 한자 급수 대비에도 탁월한 효과가 있었습니다. 이러한 특징을 더욱 더 잘 살려서 급수 책으로 다시 한 번 엮어 발간하게 되었습니다. 〈한자도둑〉 만화에서 급수 책까지 한자 공부 비법을 특화시키는 작업이 드디어 열매를 맺었다는 생각이 들었습니다.

제가 학생들에게 항상 하는 말이 있습니다. '나무는 뿌리가 깊어야 하고, 사람은 생각이 깊어야 한다.' 고, 생각이 깊어지려면 한자 공부는 선택이 아니라 필수입니다. 이 〈한자도둑 급수격파〉를 통하여 우리나라 모든 학생들의 생각이 깊어져 앞으로 훌륭한 지성인과 위대한 학자가 되는 기반을 다지게 되길 진심으로 바랍니다.

북악 기슭 개울물 소리 들으면서 전광진(全廣鎭)

# 머리말

## 한자 실력은 물론 국어 실력까지 일석이조(一石二鳥)의 효과!!

〈코믹 메이플스토리 한자도둑〉의 수많은 애독자 여러분께서, '한자 자동기억 시스템'의 콘텐츠를 통해 한자 실력이 향상되었다는 고마움과 아울러 많은 격려의 말씀을 전해 주셨습니다. 아울러 **'〈한자도둑〉의 효과 만점 콘텐츠'**를 급수별로 종합해서, 급수시험 대비에 쉽고 효율적인 학습서를 만들어 달라는 요청도 많았습니다.

각급 급수시험은 그 급수 이전의 한자들을 누적시켜 포함하기 때문에, 새로운 한자를 배울 때 **한자어로 익히는 것**이 좋고, 그 새 한자어에서 동반한자가 **이미 배운 한자로만 구성되는 것**이 가장 효율적인 학습방법입니다. 하지만 대부분의 한자급수교재는 급수별로 학습한 한자를 고려하지 않은 채 뒤섞여 있어서 효과적이지 못합니다. 이에 〈한자도둑 급수격파〉는 효과적 원리를 완벽히 구현하여 최고로 능률적인 학습이 되도록 구성하였습니다. 더욱이 한자의 훈(뜻)을 학습시 한자를 폭넓게 이해하게끔 하기 위해 그림과 글자 풀이를 추가하였습니다.

급수시험 한자교육과정을 비교해 보면, 중학교 지정 한자를 익히기 위해서는 4급까지, 고등학교 지정 한자를 익히기 위해서는 3급까지 익히면 됩니다. 3급까지의 1,800여개의 한자를 익히는 일은 쉽지만은 않지만, 결코 어려운 일도 아닙니다. 〈한자도둑 급수격파〉와 함께 급수별로 차근차근 익혀 나간다면 3급까지 금새 익혀, 일상생활에서의 한자어는 물론, 장래의 사회생활 및 각자의 전문분야에서 한자를 적절히 활용할 수 있을 것입니다.

독자 여러분! 〈한자도둑 급수격파〉와 함께 한자의 기초를 튼튼히 하고 급수 시험 만점에 도전하는 한자 실력자가 되어 보세요. 한자 실력은 물론 국어 실력까지 일석이조(一石二鳥)의 효과를 거두실 것입니다.

WB 한자학습연구회 일동

# 한자능력검정시험안내

## 1) 한자능력검정시험이란 무엇일까요?

사단법인 한국어문회가 주관하고 한국한자능력검정회가 시행하는 한자 활용능력시험을 말합니다. 1992년 12월9일에 처음 시작되었고 2001년 5월 19일부터, 국가공인시험으로 치러지고 있습니다.

## 2) 언제, 어떻게 치러질까요?

한자능력검정시험은 공인급수 시험인 1급, 2급, 3급, 3급Ⅱ와 교육급수 시험인 4급, 4급Ⅱ, 5급, 5급Ⅱ, 6급, 6급Ⅱ, 7급, 7급Ⅱ, 8급으로 나뉘어 각각 1년에 4번 치뤄집니다. 누구나 자신의 실력에 맞게 원하는 급수에 응시할 수 있으며, 응시 원서는 한국어문회에 직접 방문하거나 인터넷으로 접수시킬 수 있습니다.

## 3) 어떤 문제가 출제될까요?

| | |
|---|---|
| 독음 | 한자의 소리를 묻는 문제입니다. 독음은 두음법칙, 속음현상, 장단음과도 관련이 있습니다. |
| 훈음 | 한자의 뜻과 소리를 동시에 묻는 문제입니다. 특히 대표 훈음을 익히시기 바랍니다. |
| 장단음 | 한자 단어의 첫 소리 발음이 길고 짧음을 구분하고 있는가를 묻는 문제입니다. 4급 이상에서만 출제됩니다. |
| 반의어(상대어) | 뜻이 반대 또는 상대되는 글자(단어)를 알고 있는가를 묻는 문제입니다. |
| 완성형 | 고사성어나 단어의 빈칸을 채우도록 하여 단어와 성어의 이해력 및 조어력을 묻는 문제입니다. |
| 부수 | 한자의 부수를 묻는 문제입니다. 부수는 한자의 뜻을 짐작할 수 있는 중요한 부분입니다. |
| 동의어(유의어) | 뜻이 똑같거나 유사한 글자(단어)를 알고 있는가를 묻는 문제입니다. |
| 동음이의어 | 소리는 같고, 뜻이 다른 단어를 알고 있는가를 묻는 문제입니다. |
| 뜻풀이 | 고사성어나 단어의 뜻을 제대로 알고 있는가를 묻는 문제입니다. |

| 약자 | 한자의 획을 줄여서 만든 약자를 알고 있는가를 묻는 문제입니다. (5급 이상) |
|---|---|
| 한자쓰기 | 제시된 뜻, 소리, 단어 등에 해당하는 한자를 쓸 수 있는가를 확인하는 문제입니다. |
| 필순 (획순) | 한 획 한 획의 쓰는 순서를 알고 있는가를 묻는 문제입니다. 글자를 바르게 쓰기 위해 필요합니다. |

## 4) 합격 기준은 무엇일까요?

| 구분 | 특급 · 특급Ⅱ · 1급 | 2급 · 3급 · 3급Ⅱ | 4급 · 4급Ⅱ · 5급 · 5급Ⅱ | 6급 | 6급Ⅱ | 7급 | 7급Ⅱ | 8급 |
|---|---|---|---|---|---|---|---|---|
| 출제문항수 | 200 | 150 | 100 | 90 | 80 | 70 | 60 | 50 |
| 합격문항수 | 160 | 105 | 70 | 63 | 56 | 49 | 42 | 35 |

▶▶ 초등학생은 5급, 중학생은 4급, 고등학생은 3급, 대학생은 1급 취득에 목표를 두는 것이 보통임

## 5) 시험을 잘 보려면 어떻게 공부해야 하나요?

☆ 먼저 급수별로 배정된 한자 낱글자의 훈과 음, 부수, 획순, 약자를 익혀야 합니다.

☆ 위의 사항을 익힌 다음에는 낱글자를 쓸 줄 알아야 합니다.

☆ 낱글자를 익힌 후에는 그 낱글자를 활용할 수 있어야 합니다. 즉 단어나 사자성어 등을 접하면서 한자 낱글자들이 모여 어떻게 뜻을 이루는 지를 살펴 가며 배운 한자를 잘 활용할 수 있어야 합니다.

☆ 이때 동의어 · 반의어 · 동음이의어 · 사자성어 · 뜻풀이 등도 함께 공부할 수 있습니다. 특히 음을 읽을 때 장단음에 주의하셔야 하며 속음이나 *두음법칙에 따라 달라지는 음도 꼭 익혀 두셔야 합니다.

☆ 〈한자도둑〉으로 기초를 다지고 〈한자도둑 급수격파〉로 한자어를 익히면 더욱 효과적으로 학습할 수 있습니다.

***두음법칙** 단어의 첫 소리에 어떤 소리가 오는 것을 꺼리는 현상.
❶ 'ㄹ'이 오는 것을 꺼림→(랴, 려, 례, 료, 류, 리 ⇒ 야, 여, 예, 요, 유, 이/라, 래, 로, 뢰, 루, 르 ⇒ 나, 내, 노, 뇌, 누, 느)
❷ 'ㄴ'이 오는 것을 꺼림→(녀, 뇨, 뉴, 니 ⇒ 여, 요, 유, 이)

# 한자를 배우기 전 꼭 알아 두기

## 한자는 왜 공부해야 하나요?

우리말 단어 가운데 70% 이상이 한자어로 이루어져 있어, 한자를 모르면 우리말의 속뜻을 몰라 어휘력과 이해력이 떨어집니다.

## 훈이란?

훈(訓)은 그 한자의 뜻을 말합니다.

島의 훈은 '섬'이야!
와~, 똑똑해!


## 음이란?

음(音)은 그 한자를 읽는 소리를 말합니다.

島의 음은 '도'야! 우리나라 독도(獨島)는 '외로운 섬'이란 뜻이지!
내가 말하려고 했는데, 치사해! 게다가 엿보기까지!


## 부수란?

부수는 수많은 한자의 기본 글자이므로 한글로 말하면 자음과 모음과도 같습니다. 한자 사전인 '옥편(자전)' 에서 모르는 한자를 찾을 때는 한자의 부수를 꼭 알아야 합니다.

부수를 모르니 한자를 못 찾겠어~!

## 필순(획순)이란?

한자를 보기 좋고 빠르게 쓰기 위해, 쓰는 획의 순서를 정한 것의 한자의 필순입니다.

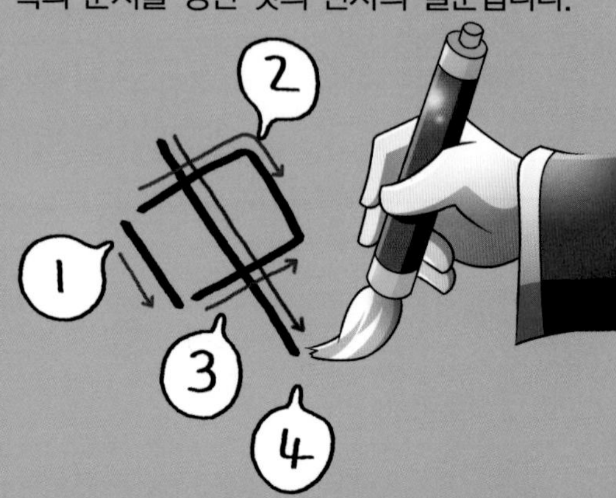

## 두음법칙이란?

단어의 첫소리에 'ㄴ'이나 'ㄹ'이 오는 것을 꺼리는 현상입니다.

'ㄴ'이 첫소리로 오면 'ㅇ'으로 바뀌고, 'ㄹ'이 첫소리로 오면 'ㄴ'이나 'ㅇ'으로 바뀌지.


- 女(여자 녀) → 女子(여자), 子女(자녀)
- 林(수풀 림) → 林野(임야), 山林(산림)

## 반의어란?

서로 뜻이 반대가 되거나 상대가 되는 한자를 말합니다.

強(강할 강)하게 꼬집지 마!
弱(약할 약)하게 꼬집고 있어!


## 동의어(유의어)란?

소리는 달라도 서로 뜻이 비슷하거나 같은 한자를 말합니다.

明 밝을 명!
朗 밝을 랑!


## 동음이의어란?

읽는 소리는 같아도 뜻이 다른 한자를 말합니다.

化 될 화
이거인 거 같은데?
花 꽃 화
시험에 나온 '화' 자가 이게 아냐?


## 사자성어란?

네 글자로 된 한자어를 말합니다.

한자 공부는 나처럼 切磋琢磨 해야 해!


- 切磋琢磨(절차탁마) : 옥돌을 자르고 줄로 쓸고 끌로 쪼고 갈아 빛을 내다라는 뜻으로, 학문이나 인격을 갈고 닦음

## 약자란?

한자의 획을 줄여 간편하게 나타낸 글자입니다.

복잡한 한자를 쓰기 쉽게 간단하게 만든 것이에요.


- 學 → 学

# 이 책의 특징

## 신기한 한자 원리

5급 한자의 음, 훈, 획순을 살펴보고, 앞에서 배운 한자들로 만든 활용단어도 동시에 익혀 보세요.

## 속뜻으로 이해하고 쓰면서 익히는 단어 격파

획순에 따라 한자 쓰기를 반복하면 한자 실력이 쑥쑥 향상됩니다. 또, '속뜻'으로 풀이한 활용단어의 쓰기 연습을 통해 앞에서 나왔던 한자를 복습할 수 있습니다.

## 챕터별 40자 시험격파 · 궁금타파 한자상식 · 스토리텔링 고사성어

각 장에서 익힌 40자의 한자 문제를 풀어 본 후, 부족한 부분을 다시 한 번 보강하세요. 그리고 생활 속에 많이 활용되는 한자상식을 알아보고, 유의자·반의자 결합어 코너를 통해 즐겁게 공부해 보세요. 게다가 고사성어를 이야기로 이해하고 생활 속에서 활용해 보세요.

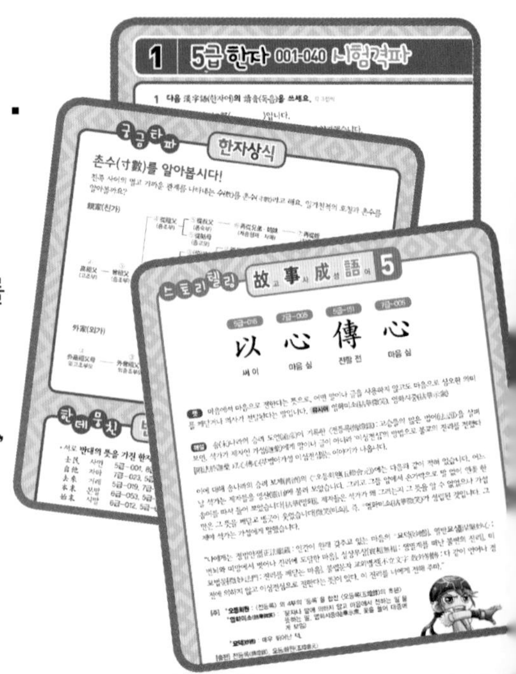

## 효과만점 교과서 단어격파 · 유의어 · 반의어 · 5급 사자성어

8급에서 5급까지의 한자로 만들어진 교과서 단어격파로 각 과목의 용어를 익히면 이해력이 향상됩니다. 그리고 5급 한자로 만든 유의어 · 반의어로 어휘를 익히고 5급 사자성어를 통해 재밌게 공부하여 실생활에 활용해 보세요.

## 한눈에 쏙 한자단어 브로마이드 · 자신만만 5급 모의시험

5급 200자의 음과 훈이 적힌 브로마이드를 벽이나 잘 보이는 곳에 붙인 후, 수시로 반복 학습하세요. 또 5급 모의시험 3회 분량을 풀어 보면서 실전에 대비해 보세요.

# 등장인물

## 전사

### 타이탄

용감한 전사 가문의
후손으로 씩씩하고
정의로운 성격.
불의를 보면
참지 못하는 정의파.

## 해적

### 마린

해적 가문의 손녀,
카리스마 있는
성격으로 부하들을
꼼짝 못하게
만드는 재주가 있다.
해저에 숨겨진
보물을 찾는 게
일생의 목표.

## 드라큘라

### 큐라

낮에도 활동하고
사람을 해치지 않는
착한 드라큐라 소년.
피 대신 토마토 주스를
먹고 산다.

## 프리스트

### 빅터

사제 가문의 후손으로,
어른스러운 성격을
가지고 있다. 매일 경전을
읽고 수행을 하는 등
혼자 있는 시간을
즐기고 또래 친구들과 잘
어울리지 않는다.

## 도적

**바바**

머리가 좋고 재치가 뛰어난 소년. 로빈훗 같은 의로운 도적이 되는 게 목표.

## 궁수

**로미**

활 쏘는 것보다 먹는 것에 관심이 많은 명랑 소녀. 활달한 성격으로 매사에 간섭하고 나서기를 좋아한다.

## 마법사

**해리**

독서를 즐기는 얌전하고 지적인 소년. 소심한 성격이지만 마법을 사용할 땐 용감하게 돌변한다.

## 요정

**루루**

지루한 요정 나라를 벗어나 인간들이 사는 마을로 내려온 말괄량이 요정. 장난치는 것을 좋아해서 가끔 사람들을 골탕 먹이기도 한다.

# 목차



## 1 한자격파 5급 001-040



## 2 한자격파 5급 041-080

## 3 한자격파 5급 081-120

## 4 한자격파 5급 121-160

## 5 한자격파 5급 161-200



**특별부록**

5급 한자 200자 브로마이드
5급 모의시험 1, 2, 3회

# 8급·7급·6급 약자(略字) 익히기

| 급수 번호 | 정자 | 약자 | 약자 익히기 | | | | | | |
|---|---|---|---|---|---|---|---|---|---|
| 8급 –027 | 學 | 学 | 学 | | | | | | |
| | 배울 학 | | | | | | | | |
| 8급 –045 | 萬 | 万 | 万 | | | | | | |
| | 일만 만 | | | | | | | | |
| 8급 –050 | 國 | 国 | 国 | | | | | | |
| | 나라 국 | | | | | | | | |
| 7급 –049 | 氣 | 気 | 気 | | | | | | |
| | 기운 기 | | | | | | | | |
| 7급 –075 | 數 | 数 | 数 | | | | | | |
| | 셈 수 | | | | | | | | |
| 7급 –091 | 來 | 来 | 来 | | | | | | |
| | 올 래(내) | | | | | | | | |
| 6급 –020 | 發 | 発 | 発 | | | | | | |
| | 쏠, 필, 일어날 발 | | | | | | | | |
| 6급 –025 | 體 | 体 | 体 | | | | | | |
| | 몸, 형상 체 | | | | | | | | |
| 6급 –037 | 戰 | 战 | 战 | | | | | | |
| | 싸울 전 | | | | | | | | |
| 6급 –039 | 樂 | 楽 | 楽 | | | | | | |
| | 즐길 락(낙) \| 노래 악 \| 좋아할 요 | | | | | | | | |
| 6급 –050 | 藥 | 薬 | 薬 | | | | | | |
| | 약 약 | | | | | | | | |

약자란 한자의 획을 줄여 간편하게 나타낸 글자예요.

| 급수 번호 | 정자 | 약자 | 약자 익히기 | | | | | |
|---|---|---|---|---|---|---|---|---|
| 6급 -072 | 醫 | 医 | 医 | | | | | |
| | 의원 의 | | | | | | | |
| 6급 -090 | 區 | 区 | 区 | | | | | |
| | 구분할, 지경 구 | | | | | | | |
| 6급 -093 | 圖 | 図 | 図 | | | | | |
| | 그림 도 | | | | | | | |
| 6급 -095 | 號 | 号 | 号 | | | | | |
| | 부르짖을, 이름 호 | | | | | | | |
| 6급 -098 | 對 | 対 | 対 | | | | | |
| | 대할 대 | | | | | | | |
| 6급 -100 | 讀 | 読 | 読 | | | | | |
| | 읽을 독 | | | | | | | |
| 6급 -108 | 定 | 㝎 | 㝎 | | | | | |
| | 정할 정 | | | | | | | |
| 6급 -114 | 會 | 会 | 会 | | | | | |
| | 모일 회 | | | | | | | |
| 6급 -115 | 禮 | 礼 | 礼 | | | | | |
| | 예도 례(예) | | | | | | | |
| 6급 -130 | 晝 | 昼 | 昼 | | | | | |
| | 낮 주 | | | | | | | |
| 6급 -139 | 畫 | 画 | 画 | | | | | |
| | 그림 화 \| 그을 획 | | | | | | | |

# 5급 약자(略字) 익히기

| 급수 번호 | 정자 | 약자 | 약자 익히기 | | | | | | |
|---|---|---|---|---|---|---|---|---|---|
| 5급 -056 | 兒 | 児 | 児 | | | | | | |
| | 아이 아 | | | | | | | | |
| 5급 -060 | 卒 | 卆 | 卆 | | | | | | |
| | 군사, 마칠 졸 | | | | | | | | |
| 5급 -070 | 爭 | 争 | 争 | | | | | | |
| | 다툴 쟁 | | | | | | | | |
| 5급 -092 | 效 | 効 | 効 | | | | | | |
| | 본받을 효 | | | | | | | | |
| 5급 -108 | 參 | 参 | 参 | | | | | | |
| | 참여할 참 \| 석 삼 | | | | | | | | |
| 5급 -122 | 船 | 舩 | 舩 | | | | | | |
| | 배 선 | | | | | | | | |
| 5급 -127 | 勞 | 労 | 労 | | | | | | |
| | 일할 로(노) | | | | | | | | |
| 5급 -130 | 惡 | 悪 | 悪 | | | | | | |
| | 악할 악 \| 미워할 오 | | | | | | | | |
| 5급 -150 | 黑 | 黒 | 黒 | | | | | | |
| | 검을 흑 | | | | | | | | |
| 5급 -151 | 傳 | 伝 | 伝 | | | | | | |
| | 전할 전 | | | | | | | | |
| 5급 -153 | 歲 | 岁 | 岁 | | | | | | |
| | 해 세 | | | | | | | | |
| 5급 -154 | 當 | 当 | 当 | | | | | | |
| | 마땅할 당 | | | | | | | | |
| 5급 -159 | 團 | 団 | 団 | | | | | | |
| | 둥글 단 | | | | | | | | |
| 5급 -160 | 實 | 実 | 実 | | | | | | |
| | 열매 실 | | | | | | | | |

| 급수 번호 | 정자 | 약자 | 약자 익히기 | | | | | | |
|---|---|---|---|---|---|---|---|---|---|
| 5급 -165 | 輕 | 軽 | 軽 | | | | | | |
| | 가벼울 경 | | | | | | | | |
| 5급 -168 | 價 | 価 | 価 | | | | | | |
| | 값 가 | | | | | | | | |
| 5급 -170 | 寫 | 写 | 写 | | | | | | |
| | 베낄 사 | | | | | | | | |
| 5급 -171 | 廣 | 広 | 広 | | | | | | |
| | 넓을 광 | | | | | | | | |
| 5급 -172 | 德 | 徳 | 徳 | | | | | | |
| | 덕, 은혜 덕 | | | | | | | | |
| 5급 -179 | 賣 | 売 | 売 | | | | | | |
| | 팔 매 | | | | | | | | |
| 5급 -181 | 質 | 貭 | 貭 | | | | | | |
| | 바탕 질 | | | | | | | | |
| 5급 -187 | 獨 | 独 | 独 | | | | | | |
| | 홀로 독 | | | | | | | | |
| 5급 -190 | 擧 | 挙 | 挙 | | | | | | |
| | 들, 일으킬 거 | | | | | | | | |
| 5급 -192 | 舊 | 旧 | 旧 | | | | | | |
| | 예 구 | | | | | | | | |
| 5급 -194 | 關 | 関 | 関 | | | | | | |
| | 관계할 관 | | | | | | | | |
| 5급 -195 | 類 | 类 | 类 | | | | | | |
| | 무리 류(유) | | | | | | | | |
| 5급 -198 | 鐵 | 鉄 | 鉄 | | | | | | |
| | 쇠 철 | | | | | | | | |
| 5급 -199 | 變 | 変 | 変 | | | | | | |
| | 변할 변 | | | | | | | | |
| 5급 -200 | 觀 | 观 | 观 | | | | | | |
| | 볼 관 | | | | | | | | |

본격적으로
쉽고 재미있게
5급 한자 200자를
익혀 보아요!

**5급 한자 001-040** 士 선비 **사** 己 자기, 몸 **기** 亡 망할 **망** 元 으뜸 **원** 凶 흉할 **흉** 切 끊을 **절** | 온통 **체** 化 될 **화** 友 벗 **우** 止 그칠 **지** 比 견줄 **비** 牛 소 **우** 仕 벼슬할 **사** 他 다를 **타** 仙 신선 **선** 令 영 **령(영)** 以 써 **이** 充 가득할 **충** 加 더할 **가** 去 갈 **거** 可 옳을 **가** 史 역사 **사** 必 반드시 **필** 打 칠 **타** 末 끝 **말** 氷 얼음 **빙** 示 보일 **시** 件 사건, 물건 **건** 任 맡길 **임** 再 두, 거듭할 **재** 吉 길할 **길** 因 인할 **인** 宅 집 **택** | 댁 **댁** 州 고을 **주** 曲 굽을 **곡** 考 생각할 **고** 耳 귀 **이** 臣 신하 **신** 位 자리 **위** 兵 군사 **병** 冷 찰 **랭(냉)**

5급 001

士

선비 사

공부한 날 ( )월 ( )일 확인 ( )

글자 풀이 | 하나(一)를 배우면 열(十)을 아는 슬기로운 사람, '선비'를 뜻해요.

※ 부수 | 士 (제부수) ※ 총획 | 3

※ 획순 | 一 十 士

**쓰기격파** 한자를 획순에 따라 써 보세요.

| 士 | 士 | | | | | | |
|---|---|---|---|---|---|---|---|

**단어격파** 활용단어의 뜻을 이해하고 따라 써 보세요.

| | | | | |
|---|---|---|---|---|
| 士氣 | 사기 : ① 속뜻 싸우려 하는 병사(兵士)들의 씩씩한 기개(氣槪) ② 사람들이 일을 이루려는 기개 | 士氣 | | |
| 勇士 | 용사 : ① 속뜻 용맹스러운(勇) 사람(士) ② 용병(勇兵) | 勇士 | | |

5급 002

己

자기, 몸 기

공부한 날 ( )월 ( )일 확인 ( )

글자 풀이 | 상대에게 허리를 굽히고 있는 사람의 모양을 본뜬 글자예요.

※ 부수 | 己 (제부수) ※ 총획 | 3

※ 획순 | ㄱ コ 己

**쓰기격파** 한자를 획순에 따라 써 보세요.

| 己 | 己 | | | | | | |
|---|---|---|---|---|---|---|---|

**단어격파** 활용단어의 뜻을 이해하고 따라 써 보세요.

| | | | | |
|---|---|---|---|---|
| 自己 | 자기 : ① 속뜻 자신(自)의 몸(己) ② 그 사람. 앞에서 이야기된 사람을 다시 가리키는 말. 자신(自身) | 自己 | | |
| 利己心 | 이기심 : 자기(自己)의 이익(利益)만을 꾀하는 마음(心) | 利己心 | | |

망할 망

공부한 날 ( )월 ( )일 확인 ( )

5급 003

**글자 풀이** | 사람이 망해 도망가 숨는 모습에서 '망하다'라는 뜻이지요.

※**부수** | 亠 (돼지해머리) ※**총획** | 3

※**획순** | 丶 亠 亡

**쓰기격파** 한자를 획순에 따라 써 보세요.

**단어격파** 활용단어의 뜻을 이해하고 따라 써 보세요.

| | | | |
|---|---|---|---|
| 亡身 | 망신 : ① 속뜻 몸(身)을 망(亡)침 ② 말이나 행동을 잘못하여 자기의 명예, 체면 따위가 구겨짐 | 亡身 | |
| 死亡 | 사망 : 죽어(死) 없어짐(亡). 사람의 죽음 | 死亡 | |

으뜸 원

공부한 날 ( )월 ( )일 확인 ( )

5급 004

**글자 풀이** | 사람(儿)의 몸 중에서 가장 위(二 : 上의 古字)에 있는 것은 머리로 '으뜸, 우두머리'를 의미해요.

※**부수** | 儿 (어진사람인발) ※**총획** | 4

※**획순** | 一 二 テ 元

**쓰기격파** 한자를 획순에 따라 써 보세요.

元 元

**단어격파** 활용단어의 뜻을 이해하고 따라 써 보세요.

| | | | |
|---|---|---|---|
| 元祖 | 원조 : ① 속뜻 으뜸(元) 조상(祖上) ② 어떤 일을 처음으로 시작한 사람이나 사물 | 元祖 | |
| 元利金 | 원리금 : 원금(元金)과 이자(利子)를 합친 돈 | 元利金 | |

5급
005

흉할 흉

공부한 날 ( )월 ( )일 확인 ( )

글자 풀이 | 텅 빈(凵) 함정에 빠진(㐅) 모양을 본뜬 글자로 '운수가 나쁘다, 흉하다'를 의미하지요.

※ 부수 | 凵 (위튼입구몸)　　※ 총획 | 4

※ 획순 | ノ 㐅 㐫 凶

**쓰기격파** 한자를 획순에 따라 써 보세요.

| 凶 | 凶 | | | | | | |
|---|---|---|---|---|---|---|---|

**단어격파** 활용단어의 뜻을 이해하고 따라 써 보세요.

|  |  |  | | |
|---|---|---|---|---|
| 凶年 | 흉년 : ① 속뜻 수확이 흉(凶)한 해(年) ② 농작물이 예년에 비하여 잘되지 않은 해 | 凶年 | | |
| 凶物 | 흉물 : 성질이나 모양이 흉(凶)하게 생긴 사람이나 동물(動物) | 凶物 | | |

5급
006

끊을 절, 온통 체

공부한 날 ( )월 ( )일 확인 ( )

글자 풀이 | 물건을 칼(刀)로 여러(七) 개가 되도록 '자른다'는 뜻이에요.

※ 부수 | 刀 (칼도)　　※ 총획 | 4

※ 획순 | 一 七 切 切

**쓰기격파** 한자를 획순에 따라 써 보세요.

| 切 | 切 | | | | | | |
|---|---|---|---|---|---|---|---|

**단어격파** 활용단어의 뜻을 이해하고 따라 써 보세요.

|  |  |  | | |
|---|---|---|---|---|
| 親切 | 친절 : 남을 대하는 태도가 친근(親近)하고 정성스러움(切) | 親切 | | |
| 切開 | 절개 : 치료를 위해 칼·가위 따위로 몸의 일부를 째어(切) 엶(開) | 切開 | | |

공부한 날 ( )월 ( )일 확인 ( )

5급 007

글자 풀이 | 사람(人)을 거꾸로 세우면 모양(匕)이 변화된다 하여 '바뀌다'를 뜻해요.

※ 부수 | 匕 (비수비)  ※ 총획 | 4

※ 획순 | 丿 亻 亻' 化

**쓰기격파** 한자를 획순에 따라 써 보세요.

| 化 | 化 | | | | | | |
|---|---|---|---|---|---|---|---|

**단어격파** 활용단어의 뜻을 이해하고 따라 써 보세요.

| 化合 | 화합 : 둘 이상의 물질 또는 원소가 화학적(化學的)으로 결합(結合)하여 다른 물질을 생성하는 일 | 化合 | | |
|---|---|---|---|---|
| 消化 | 소화 : ① 속뜻 먹은 음식을 삭게(消) 함(化) ② 음식물을 분해하여 영양분을 흡수함 | 消化 | | |

공부한 날 ( )월 ( )일 확인 ( )

5급 008

글자 풀이 | 왼손(𠂇)과 오른손(又)을 서로 마주잡고 있는 '친구'를 뜻한답니다.

※ 부수 | 又 (또우)  ※ 총획 | 4

※ 획순 | 一 ナ 方 友

**쓰기격파** 한자를 획순에 따라 써 보세요.

| 友 | 友 | | | | | | |
|---|---|---|---|---|---|---|---|

**단어격파** 활용단어의 뜻을 이해하고 따라 써 보세요.

| 學友 | 학우 : 학교(學校)에서 같이 공부하는 벗(友) | 學友 | | |
|---|---|---|---|---|
| 友愛 | 우애 : ① 속뜻 벗(友) 사이의 정(愛) ② 형제 사이의 정이나 사랑 | 友愛 | | |

5급 009

그칠 지

공부한 날 ( )월 ( )일 확인 ( )

글자 풀이 | 발을 본뜬 글자로, 길을 가다가 발을 멈추면 걸음이 그치지요.

부수 | 止 (제부수)　총획 | 4

획순 | 丨 ⺊ 屮 止

**쓰기격파** 한자를 획순에 따라 써 보세요.

| 止 | 止 | | | | | | |
|---|---|---|---|---|---|---|---|

**단어격파** 활용단어의 뜻을 이해하고 따라 써 보세요.

| | | | | | |
|---|---|---|---|---|---|
| 中止 | 중지 | 하던 일을 중도(中途)에서 그만둠(止) | 中止 | | |
| 休止 | 휴지 | 하던 것을 그치고(止) 쉼(休) | 休止 | | |

5급 010

견줄 비

공부한 날 ( )월 ( )일 확인 ( )

글자 풀이 | 두 사람이 나란히 서 있는 모습에서 서로 '비교하다'는 뜻이지요.

부수 | 比 (제부수)　총획 | 4

획순 | ⺊ ⺊ 比 比

**쓰기격파** 한자를 획순에 따라 써 보세요.

| 比 | 比 | | | | | | |
|---|---|---|---|---|---|---|---|

**단어격파** 활용단어의 뜻을 이해하고 따라 써 보세요.

| | | | | | |
|---|---|---|---|---|---|
| 比例 | 비례 | ① 속뜻 예(例)를 들어 견주어(比) 봄 ② 한 수량이 두 곱·세 곱 따위로 변화함에 따라 다른 수량도 그렇게 되는 일 | 比例 | | |
| 成分比 | 성분비 | 한 물질을 구성하고 있는 여러 성분(成分) 양의 비(比) | 成分比 | | |

소 우

공부한 날 ( )월 ( )일 확인 ( )

글자 풀이 | 소의 머리 모양을 본뜬 글자랍니다.

※ 부수 | 牛(제부수) ※ 총획 | 4

※ 획순 | ノ 𠂉 𠂉 牛

5급 011

**쓰기격파** 한자를 획순에 따라 써 보세요.

| 牛 | 牛 | | | | | | |
|---|---|---|---|---|---|---|---|

**단어격파** 활용단어의 뜻을 이해하고 따라 써 보세요.

| | | | | |
|---|---|---|---|---|
| 韓牛 | 한우 : 한국(韓國) 토종 소(牛). 체질이 강하고 성질이 온순하며, 고기 맛이 좋음 | 韓牛 | | |
| 牛市場 | 우시장 : 소(牛)를 사고파는 시장(市場) | 牛市場 | | |

仕

벼슬할 사

공부한 날 ( )월 ( )일 확인 ( )

글자 풀이 | 사람(人)됨이 신중하고 올바른 선비(士)가 임금을 섬길 수 있지요.

※ 부수 | 人(사람인), 亻(사람인변) ※ 총획 | 5

※ 획순 | ノ 亻 仁 什 仕

5급 012

**쓰기격파** 한자를 획순에 따라 써 보세요.

| 仕 | 仕 | | | | | | |
|---|---|---|---|---|---|---|---|

**단어격파** 활용단어의 뜻을 이해하고 따라 써 보세요.

| | | | | |
|---|---|---|---|---|
| 出仕 | 출사 : 벼슬하여(仕) 관아에 나감(出) | 出仕 | | |
| 仕記 | 사기 : 지난날, 벼슬아치(仕)의 출근을 기록(記)하던 문서(오늘날의 출근부) | 仕記 | | |

5급 013

다를 타

공부한 날 ( )월 ( )일 확인 ( )

**글자 풀이** | 옛날에는 뱀(它)의 피해가 많아 사람(亻)의 안부를 묻는 뜻이었으나, 현재는 '남, 다르다'로 변하였어요.

**부수** | 人(사람인), 亻(사람인변) **총획** | 5

**획순** | ノ 亻 仁 什 他

**쓰기격파** 한자를 획순에 따라 써 보세요.

| 他 | 他 | | | | | | |
|---|---|---|---|---|---|---|---|

**단어격파** 활용단어의 뜻을 이해하고 따라 써 보세요.

| | | | | |
|---|---|---|---|---|
| 他人 | 타인 : 다른(他) 사람(人). 남 | 他人 | | |
| 他意 | 타의 : ① 속뜻 다른(他) 마음(意)<br>② 다른 사람(他人)의 뜻 ↔ 자의(自意) | 他意 | | |

5급 014

신선 선

공부한 날 ( )월 ( )일 확인 ( )

**글자 풀이** | 산(山)에서 사는 신령한 사람(亻)을 뜻해요.

**부수** | 人(사람인), 亻(사람인변) **총획** | 5

**획순** | ノ 亻 仆 仙 仙

**쓰기격파** 한자를 획순에 따라 써 보세요.

| 仙 | 仙 | | | | | | |
|---|---|---|---|---|---|---|---|

**단어격파** 활용단어의 뜻을 이해하고 따라 써 보세요.

| | | | | |
|---|---|---|---|---|
| 仙女 | 선녀 : 선경(仙境)에 산다는 여자(女子) 신선 | 仙女 | | |
| 水仙花 | 수선화 : 물(水)속에 사는 신선(神仙) 같은 꽃(花). 수선화과의 다년초 | 水仙花 | | |

令

영 령(영)

공부한 날 ( )월 ( )일 확인 ( )

**5급 015**

**글자 풀이** | 지위가 높은 관리가 사람들을 모아 놓고(亼) 굴복시켜(卩) '명령한다'는 의미예요.

**부수** | 人 (사람인) **총획** | 5

**획순** | ノ 人 亼 今 令

**쓰기격파** 한자를 획순에 따라 써 보세요.

| 令 | 令 | | | | | | |
|---|---|---|---|---|---|---|---|

**단어격파** 활용단어의 뜻을 이해하고 따라 써 보세요.

|  |  |  | | |
|---|---|---|---|---|
| 號令 | 호령 : ① 속뜻 큰 소리로 부르짖으며(號) 명령(命令)함 ② 큰 소리로 꾸짖음 | 號令 | | |
| 令愛 | 영애 : 남을 높여 그의 딸을 이르는 말 | 令愛 | | |

以

써 이

공부한 날 ( )월 ( )일 확인 ( )

**5급 016**

**글자 풀이** | 사람(人)이 쟁기를 써야만 밭을 갈 수 있다 하여 '쓰다'는 의미지요.

**부수** | 人 (사람인) **총획** | 5

**획순** | ㅣ ㇑ ㇑ 以 以

**쓰기격파** 한자를 획순에 따라 써 보세요.

| 以 | 以 | | | | | | |
|---|---|---|---|---|---|---|---|

**단어격파** 활용단어의 뜻을 이해하고 따라 써 보세요.

|  |  |  | | |
|---|---|---|---|---|
| 以上 | 이상 : ① 속뜻 어떤 기준으로부터(以) 그것을 포함하여 그것보다 많거나 위쪽(上) ② 말이나 글 따위에서 이제까지 말한 내용 | 以上 | | |
| 以前 | 이전 : 기준이 되는 일정한 때를 포함하여 그로부터(以) 앞(前)쪽 | 以前 | | |

5급 017

充

가득할 충

공부한 날 월 일 확인

글자 풀이 | 사람(儿)이 자라(育) 완성되어 간다 하여 '가득차다'는 의미랍니다.

※ 부수 | 儿 (어진사람인발) ※ 총획 | 6

※ 획순 | 亠 亠 𠫓 𠫓 充 充

**쓰기격파** 한자를 획순에 따라 써 보세요.

| 充 | 充 | | | | | | |
|---|---|---|---|---|---|---|---|

**단어격파** 활용단어의 뜻을 이해하고 따라 써 보세요.

| 한자 | 음 | 뜻 | 따라 쓰기 | | |
|---|---|---|---|---|---|
| 充分 | 충분 | 나눔(分)의 정도, 분량 따위가 넉넉함(充) | 充分 | | |
| 充電 | 충전 | 축전기나 축전지 따위에 전기(電氣)를 채움(充) | 充電 | | |

5급 018

加

더할 가

공부한 날 월 일 확인

글자 풀이 | 손뿐만 아니라 입(口)까지 힘(力)을 보태어 '더하다'라는 뜻이에요.

※ 부수 | 力 (힘력) ※ 총획 | 5

※ 획순 | ㇇ 力 加 加 加

**쓰기격파** 한자를 획순에 따라 써 보세요.

| 加 | 加 | | | | | | |
|---|---|---|---|---|---|---|---|

**단어격파** 활용단어의 뜻을 이해하고 따라 써 보세요.

| 한자 | 음 | 뜻 | 따라 쓰기 | | |
|---|---|---|---|---|---|
| 加入 | 가입 | ① 속뜻 이미 있는 것에 새로 더(加) 넣음(入) ② 단체에 들어감 | 加入 | | |
| 加速度 | 가속도 | ① 속뜻 속도(速度)가 차차 더해지는(加) 일 ② 단위시간 내에 속도가 점차 증가하는 정도 | 加速度 | | |

공부한 날 ( )월 ( )일 확인 ( )

**5급 019**

**글자 풀이** | 안(厶)에 있는 것을 꺼내기 위해 뚜껑(土)을 제거하는 것에서 '가다, 떠나다'는 의미지요.

**부수** | 厶 (마늘모) **총획** | 5

**획순** | 

**쓰기격파** 한자를 획순에 따라 써 보세요.

| 去 | 去 | | | | | | |
|---|---|---|---|---|---|---|---|

**단어격파** 활용단어의 뜻을 이해하고 따라 써 보세요.

| 去來 | 거래 : ① 속뜻 가고(去) 옴(來) ② 상품을 사고파는 일, 돈을 주고받는 일 ③ 영리 목적의 경제행위 | 去來 | | |
|---|---|---|---|---|
| 消去 | 소거 : ① 속뜻 지워(消) 없앰(去) ② 수학에서 변수나 미지수를 줄여 없애는 일 | 消去 | | |

공부한 날 ( )월 ( )일 확인 ( )

**5급 020**

**글자 풀이** | 입(口)을 크게 벌려 소리(丁)를 외치는 모습으로 '옳다'는 뜻이에요.

**부수** | 口 (입구) **총획** | 5

**획순** | 

**쓰기격파** 한자를 획순에 따라 써 보세요.

| 可 | 可 | | | | | | |
|---|---|---|---|---|---|---|---|

**단어격파** 활용단어의 뜻을 이해하고 따라 써 보세요.

| 不可 | 불가 : 무엇을 할 수(可) 없음(不). 가능하지 않음 | 不可 | | |
|---|---|---|---|---|
| 不可分 | 불가분 : 나누려고 해도 나눌(分) 수 없음(不可) | 不可分 | | |

**5급**
**021**

훗날 역사가 모든 걸 밝힐 것…


공부한 날 ( )월 ( )일 확인 ( )

**글자 풀이** | 사실을 손(又)으로 기록하는 사람은 공정(中)해야 한다 하여 '사기(史記), 역사'를 의미해요.

✻ **부수** | 口 (입구)　　✻ **총획** | 5

✻ **획순** | 丶 口 口 中 史

**쓰기격파** 한자를 획순에 따라 써 보세요.

| 史 | 史 | | | | | | |
|---|---|---|---|---|---|---|---|

**단어격파** 활용단어의 뜻을 이해하고 따라 써 보세요.

| 한자 | 음 | 뜻 | 따라 쓰기 | | |
|---|---|---|---|---|---|
| 國史 | 국사 | 나라(國)의 역사(歷史). 우리나라의 역사 | 國史 | | |
| 先史時代 | 선사시대 | 고고학(考古學)에서 이르는 역사 시대 이전의(先史) 시대(時代) 구분의 한가지. 문헌적 사료가 없는 석기 시대, 청동기 시대를 이름 | 先史時代 | | |

**5급**
**022**

반드시 합격!


공부한 날 ( )월 ( )일 확인 ( )

**글자 풀이** | 마음(心)에 말뚝(弋)을 쳐서 꼭 하겠다는 결심을 나타낸 것으로 '반드시'를 의미하지요.

✻ **부수** | 心 (마음심)　　✻ **총획** | 5

✻ **획순** | 丶 ソ 义 必 必

**쓰기격파** 한자를 획순에 따라 써 보세요.

| 必 | 必 | | | | | | |
|---|---|---|---|---|---|---|---|

**단어격파** 활용단어의 뜻을 이해하고 따라 써 보세요.

| 한자 | 음 | 뜻 | 따라 쓰기 | | |
|---|---|---|---|---|---|
| 必勝 | 필승 | 반드시(必) 이김(勝) | 必勝 | | |
| 必然 | 필연 | ① 속뜻 반드시(必) 그렇게(然) 됨 ② 반드시 그렇게 되는 수밖에 다른 도리가 없음. 또는 그런 일 | 必然 | | |

# 打 칠 타

공부한 날 ( )월 ( )일 확인 ( )

**글자 풀이** | 손(扌 = 手)으로 못을 두드려(丁) 박는다 하여 '치다'는 의미예요.

**부수** | 手 (손수), 扌 (재방변) **총획** | 5

**획순** | 一 十 扌 扌 打

5급 023

**쓰기격파** 한자를 획순에 따라 써 보세요.

| 打 | 打 | | | | | | |
|---|---|---|---|---|---|---|---|

**단어격파** 활용단어의 뜻을 이해하고 따라 써 보세요.

| 한자 | 뜻 | 따라 쓰기 | | |
|---|---|---|---|---|
| 安打 | 안타 : 야구에서 타자가 안전(安全)하게 베이스로 갈 수 있게 공을 치는(打) 일 | 安打 | | |
| 打字 | 타자 : 글쇠를 눌러 글자(字)를 찍음(打) | 打字 | | |

# 末 끝 말

공부한 날 ( )월 ( )일 확인 ( )

**글자 풀이** | 나무(木)의 꼭대기에 길게 '一'(한 일)을 그려서 나무의 끝을 뜻해요.

**부수** | 木 (나무목) **총획** | 5

**획순** | 一 二 キ 末 末

5급 024

**쓰기격파** 한자를 획순에 따라 써 보세요.

| 末 | 末 | | | | | | |
|---|---|---|---|---|---|---|---|

**단어격파** 활용단어의 뜻을 이해하고 따라 써 보세요.

| 한자 | 뜻 | 따라 쓰기 | | |
|---|---|---|---|---|
| 月末 | 월말 : 어느 달(月)이 끝나가는(末) 무렵 | 月末 | | |
| 始末書 | 시말서 : 잘못하여 일을 저지른 사람이 사건의 처음(始)과 끝(末)을 자세히 적은 문서(文書) | 始末書 | | |

5급 025

얼음 빙

공부한 날 ( )월 ( )일 확인 ( )

글자 풀이 | 물(水)이 얼어 얼음(冫)이 돼요.

부수 | 水 (물수) 총획 | 5

획순 | 亅 亅 겠 氵 氷

**쓰기격파** 한자를 획순에 따라 써 보세요.

| 氷 | 氷 | | | | | | |
|---|---|---|---|---|---|---|---|

**단어격파** 활용단어의 뜻을 이해하고 따라 써 보세요.

| 한자 | 음 | 뜻 | 따라 쓰기 | | |
|---|---|---|---|---|---|
| 氷水 | 빙수 | ① 속뜻 얼음(氷)을 넣어 차게 한 물(水) ② 얼음을 눈처럼 간 다음 그 속에 삶은 팥, 설탕 따위를 넣어 만든 음식 | 氷水 | | |
| 氷山 | 빙산 | 남극이나 북극의 바다에 떠 있는 거대한 얼음(氷) 산(山) | 氷山 | | |

5급 026

示

보일 시

공부한 날 ( )월 ( )일 확인 ( )

글자 풀이 | 하늘(二:上)의 천체(小:日, 月, 星)를 보면 사람의 길흉이 '보인다'는 뜻이에요.

부수 | 示 (제부수) 총획 | 5

획순 | 一 二 亍 亓 示

**쓰기격파** 한자를 획순에 따라 써 보세요.

| 示 | 示 | | | | | | |
|---|---|---|---|---|---|---|---|

**단어격파** 활용단어의 뜻을 이해하고 따라 써 보세요.

| 한자 | 음 | 뜻 | 따라 쓰기 | | |
|---|---|---|---|---|---|
| 表示 | 표시 | 겉(表)으로 드러내어 보임(示) | 表示 | | |
| 訓示 | 훈시 | ① 속뜻 가르쳐(訓) 보임(示) ② 윗사람이 아랫사람에게 교훈과 지시를 주는 것 | 訓示 | | |

사건, 물건 건

공부한 날 ( )월 ( )일 확인 ( )

글자 풀이 | 옛날에는 노예(亻)나 소(牛)를 중요한 '물건'이라고 생각했어요.

부수 | 人 (사람인), 亻(사람인변)  총획 | 6

획순 | 丿 亻 亻 仁 仁 件

5급 027

**쓰기격파** 한자를 획순에 따라 써 보세요.

| 件 | 件 | | | | | | |
|---|---|---|---|---|---|---|---|

**단어격파** 활용단어의 뜻을 이해하고 따라 써 보세요.

| 事件 | 사건 : ① 속뜻 일(事) 한 건(件) ② 문제가 되거나 관심을 끌 만한 일 | 事件 | | |
|---|---|---|---|---|
| 物件 | 물건 : 사고파는 물품(物品)의 건수(件數) | 物件 | | |

맡길 임

공부한 날 ( )월 ( )일 확인 ( )

글자 풀이 | 사람(人)은 태어날 때부터 삶이란 짐을 짊어진다(壬)고 하여 '맡기다'는 의미지요.

부수 | 人 (사람인), 亻(사람인변)  총획 | 6

획순 | 丿 亻 亻 仁 仟 任

5급 028

**쓰기격파** 한자를 획순에 따라 써 보세요.

| 任 | 任 | | | | | | |
|---|---|---|---|---|---|---|---|

**단어격파** 활용단어의 뜻을 이해하고 따라 써 보세요.

| 任命 | 임명 : • 직무를 맡으라고(任) 명령(命令)함. • 관직을 줌 | 任命 | | |
|---|---|---|---|---|
| 後任者 | 후임자 : 앞서 맡아보던 사람의 뒤(後)를 이어 그 직무나 임무(任務)를 잇는 사람(者) | 後任者 | | |

재수는 없다!


공부한 날 ( ) 월 ( ) 일 확인 ( )

**글자 풀이** | 쌓아놓은 나무토막(冓의 오른쪽 아랫부분)에 하나(一) 더 얹는 것에서 '다시, 거듭'을 뜻해요.

**부수** | 冂(멀경몸)　　**총획** | 6

**획순** | 一 … 再

**쓰기격파** 한자를 획순에 따라 써 보세요.

| 再 | 再 | | | | | | |
|---|---|---|---|---|---|---|---|

**단어격파** 활용단어의 뜻을 이해하고 따라 써 보세요.

| | | | | |
|---|---|---|---|---|
| 再生 | 재생 : ① 속뜻 죽게 되었다가 다시(再) 살아남(生) ② 버리게 된 물건을 다시 살려서 쓰게 만듦 | 再生 | | |
| 再昨年 | 재작년 : 지(再)지난(昨) 해(年). 그러께 | 再昨年 | | |

5급
030

吉
길할 길

오늘은 좋은 일이 생길 거 같아~.


공부한 날 ( ) 월 ( ) 일 확인 ( )

**글자 풀이** | 선비(士)의 입(口)에서 나오는 말은 훌륭하다 하여 '길하다'를 의미하지요.

**부수** | 口 (입구)　　**총획** | 6

**획순** | 一 … 吉

**쓰기격파** 한자를 획순에 따라 써 보세요.

| 吉 | 吉 | | | | | | |
|---|---|---|---|---|---|---|---|

**단어격파** 활용단어의 뜻을 이해하고 따라 써 보세요.

| | | | | |
|---|---|---|---|---|
| 吉日 | 길일 : 운이 좋은(吉) 날(日) | 吉日 | | |
| 吉凶 | 길흉 : 운이 좋고(吉) 나쁨(凶) | 吉凶 | | |

인할 인

공부한 날 ( 월 ) ( 일 ) 확인 ( )

**5급 031**

**글자 풀이** | 사방을 둘러싼(口) 울타리를 더 커지게(大) 하는 데는 '원인'이 있어요.

※ **부수** | 口 (큰입구몸)　　※ **총획** | 6

※ **획순** | 丨 冂 冃 冋 因 因

**쓰기격파** 한자를 획순에 따라 써 보세요.

| 因 | 因 | | | | | | |
|---|---|---|---|---|---|---|---|

**단어격파** 활용단어의 뜻을 이해하고 따라 써 보세요.

| | | | | |
|---|---|---|---|---|
| 因果 | 인과 : ① 속뜻 원인(原因)과 결과(結果) ② 원인이 있으면 반드시 결과가 있게 마련이고 결과가 있으면 반드시 그 원인이 있다는 이치 | 因果 | | |
| 共通因數 | 공통인수 : 두 개 이상의 수 또는 식에 공통(共通)되는 인수(因數) | 共通因數 | | |

집 택, 댁 댁

공부한 날 ( 월 ) ( 일 ) 확인 ( )

**5급 032**

**글자 풀이** | 지붕(宀)이 있어 몸을 맡겨(乇) 쉴 수 있는 곳을 뜻한답니다.

※ **부수** | 宀 (갓머리)　　※ **총획** | 6

※ **획순** | 宀 宀 宀 宀 宅 宅

**쓰기격파** 한자를 획순에 따라 써 보세요.

| 宅 | 宅 | | | | | | |
|---|---|---|---|---|---|---|---|

**단어격파** 활용단어의 뜻을 이해하고 따라 써 보세요.

| | | | | |
|---|---|---|---|---|
| 住宅 | 주택 : 사람이 살(住) 수 있게 지은 집(宅) | 住宅 | | |
| 親庭宅 | 친정댁 : 시집간 여자의 본가(本家)인 친정(親庭) 집(宅)을 높여 이르는 말 | 親庭宅 | | |

5급 033

고을 주

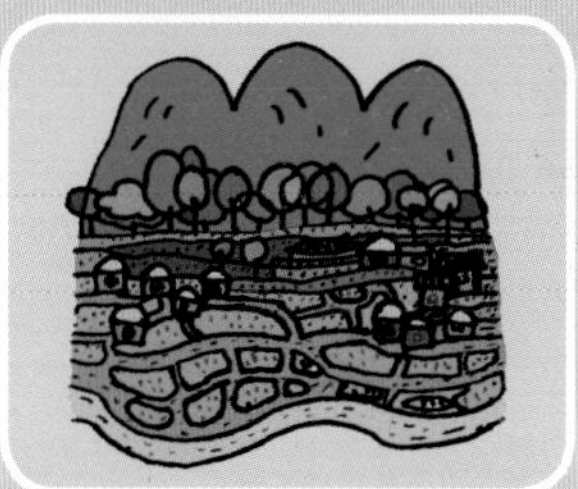

공부한 날 ( ) 월 ( ) 일 확인 ( )

글자 풀이 | 하천에 흙과 모래가 쌓여 섬이 만들어지고, 고을이 형성돼요.

✽ **부수** | 川, 巛 (개미허리) ✽ **총획** | 6

✽ **획순** | 州 州 州 州 州 州

**쓰기격파** 한자를 획순에 따라 써 보세요.

| 州 | 州 | | | | | | |
|---|---|---|---|---|---|---|---|

**단어격파** 활용단어의 뜻을 이해하고 따라 써 보세요.

| 州立 | 주립 : 주(州)의 경비로 세워(立) 관리 · 유지하는 것 | 州立 | | |
|---|---|---|---|---|
| 清州 | 청주 : 충청북도의 중앙에 있는 도시 | 清州 | | |

5급 034

굽을 곡

공부한 날 ( ) 월 ( ) 일 확인 ( )

글자 풀이 | 갈고랑이처럼 굽어져 있는 물건을 본뜬 글자예요.

✽ **부수** | 曰 (가로왈) ✽ **총획** | 6

✽ **획순** | 丨 冂 冂 曲 曲 曲

**쓰기격파** 한자를 획순에 따라 써 보세요.

| 曲 | 曲 | | | | | | |
|---|---|---|---|---|---|---|---|

**단어격파** 활용단어의 뜻을 이해하고 따라 써 보세요.

| 曲名 | 곡명 : 악곡(樂曲)의 이름(名) | 曲名 | | |
|---|---|---|---|---|
| 不問曲直 | 불문곡직 : ① 속뜻 굽음(曲)과 곧음(直)을 묻지(問) 아니함(不) ② 옳고 그름을 가리지 않고 함부로 일을 처리함 | 不問曲直 | | |

생각할 고

공부한 날 ( )월 ( )일 확인 ( )

5급 035

글자 풀이 | 나이가 들면(老) 경험을 토대로 생각을 키운다(丂)고 하여 '생각하다'는 의미지요.

※부수 | 老 (늙을로), 耂 (늙을로엄) ※총획 | 6

※획순 | 考 考 考 考 考 考

**쓰기격파** 한자를 획순에 따라 써 보세요.

| 考 | 考 | | | | | | |
|---|---|---|---|---|---|---|---|

**단어격파** 활용단어의 뜻을 이해하고 따라 써 보세요.

| | | | | |
|---|---|---|---|---|
| 再考 | 재고 : 한 번 정한 일을 다시(再) 한 번 생각함(考) | 再考 | | |
| 考古學 | 고고학 : 유물·유적에 의하여 고대(古代) 인류에 관한 일을 연구하는(考) 학문(學問) | 考古學 | | |

귀 이

공부한 날 ( )월 ( )일 확인 ( )

5급 036

글자 풀이 | 귀의 모양을 본뜬 글자랍니다.

※부수 | 耳 (제부수) ※총획 | 6

※획순 | 耳 耳 耳 耳 耳 耳

**쓰기격파** 한자를 획순에 따라 써 보세요.

| 耳 | 耳 | | | | | | |
|---|---|---|---|---|---|---|---|

**단어격파** 활용단어의 뜻을 이해하고 따라 써 보세요.

| | | | | |
|---|---|---|---|---|
| 耳目 | 이목 : ① 속뜻 귀(耳)와 눈(目) ② 다른 사람의 주의나 주목 | 耳目 | | |
| 中耳 | 중이 : 외이(外耳)와 내이(內耳)의 중간(中間)쯤에 고막이 있는 부분의 귀(耳) | 中耳 | | |

5급 037

신하 신

공부한 날 ( )월 ( )일 확인 ( )

글자 풀이 | 임금 앞에 엎드려 머리 숙이고 있는 사람의 눈을 세로로 그린 글자로, '신하'를 뜻해요.

※ 부수 | 臣 (제부수) ※ 총획 | 6

※ 획순 | 一 丅 五 五 五 臣

**쓰기격파** 한자를 획순에 따라 써 보세요.

| 臣 | 臣 | | | | | | |
|---|---|---|---|---|---|---|---|

**단어격파** 활용단어의 뜻을 이해하고 따라 써 보세요.

| 臣下 | 신하 : 임금을 섬기며(臣) 그 아래(下)에서 일하는 사람 | 臣下 | | |
|---|---|---|---|---|
| 死六臣 | 사육신 : ① 속뜻 죽은(死) 여섯(六) 명의 신하(臣下) ② 조선 세조 2년에 단종의 복귀를 꾀하다가 처형된 여섯 명의 충신(忠臣) | 死六臣 | | |

5급 038

자리 위

공부한 날 ( )월 ( )일 확인 ( )

글자 풀이 | 옛날 신하(亻)가 임금 앞에 품계에 따라 서던(立) '자리'를 뜻하지요.

※ 부수 | 人 (사람인), 亻(사람인변) ※ 총획 | 7

※ 획순 | 丿 亻 亻 仁 仕 位 位

**쓰기격파** 한자를 획순에 따라 써 보세요.

| 位 | 位 | | | | | | |
|---|---|---|---|---|---|---|---|

**단어격파** 활용단어의 뜻을 이해하고 따라 써 보세요.

| 方位 | 방위 : 방향(方向)을 정한 위치(位置) | 方位 | | |
|---|---|---|---|---|
| 同位角 | 동위각 : 두 직선이 다른 한 직선과 교차하여 생기는 각 가운데, 두 교점 각각에서 보아 같은(同) 방위(方位)에 있는 두 개의 각(角) | 同位角 | | |

5급 039

공부한 날 월 일 확인

군사 병

글자 풀이 | 두 손(廾 : 바칠 공(스물입발))에 도끼(刀)를 들고 있는 사람의 모습에서 '군사'를 의미해요.

부수 | 八 (여덟팔)　총획 | 7

획순 | 兵 兵 兵 兵 兵 兵 兵

쓰기격파 한자를 획순에 따라 써 보세요.

| 兵 | 兵 | | | | | | |
|---|---|---|---|---|---|---|---|

단어격파 활용단어의 뜻을 이해하고 따라 써 보세요.

|  |  |  | | |
|---|---|---|---|---|
| 兵力 | 병력 : 병사·병기 등의 총체로서의 군대(兵)의 힘(力) | 兵力 | | |
| 海兵 | 해병 : ① 속뜻 해군(海軍)의 병사(兵士) ② 해병대의 병사 | 海兵 | | |

5급 040

공부한 날 월 일 확인

찰 랭(냉)

글자 풀이 | 군주가 명령(令)할 때는 차갑게(冫) 한다 하여 '차갑다'를 뜻해요.

부수 | 冫 (이수변)　총획 | 7

획순 | 冷 冷 冷 冷 冷 冷 冷

쓰기격파 한자를 획순에 따라 써 보세요.

| 冷 | 冷 | | | | | | |
|---|---|---|---|---|---|---|---|

단어격파 활용단어의 뜻을 이해하고 따라 써 보세요.

|  |  |  | | |
|---|---|---|---|---|
| 冷風 | 냉풍 : 차가운(冷) 바람(風) | 冷風 | | |
| 冷待 | 냉대 : 냉담(冷淡)하게 대접(待接)함. 푸대접함 | 冷待 | | |

# 1 5급 한자 001-040 시험격파

**1 다음 漢字語(한자어)의 讀音(독음)을 쓰세요.** 각 3점씩

(1) 나와 그는 切親(          )입니다.

(2) 그는 必勝(          )의 의지를 갖고 경기에 참가했습니다.

**2 다음 漢字(한자)에 맞는 訓(훈)과 音(음)을 쓰세요.** 각 3점씩

(1) 仙 : (          )

(2) 冷 : (          )

**3 다음 漢字(한자)의 색칠된 畫(획)이 몇 번째인지 숫자로 각각 쓰세요.** 각 4점씩

(1) 吉

(     )번째 획

(2) 他

(     )번째 획

**4 다음 漢字語와 音(음)이 같으면서 뜻풀이에 맞는 漢字語를 漢字로 쓰세요.** 각 5점씩

(1) 人數 → (          ) : 정수나 정식에서 곱으로 나타내지는 각각을 말함. 약수

(2) 家山 → (          ) : 더하기. 덧셈

**5 다음 보기 에서 漢字(한자)와 訓(훈)이 반대되는 글자를 찾아 번호를 쓰세요.** 각 4점씩

보기 ❶ 曲 ❷ 凶 ❸ 線 ❹ 古

(1) 吉 ↔ (          )    (2) 直 ↔ (          )

실력체크 ☑ 上(70~100점) ■
中(30~69점) ■
下(0~29점) ■

**6** **다음 보기 에서 괄호 안에 들어갈 漢字(한자)를 찾아 번호를 쓰세요.** 각 4점씩

보기
❶ 末 ❷ 化 ❸ 氷 ❹ 必
❺ 史 ❻ 死 ❼ 衣 ❽ 以

(1) 同(　　)作用　　(2) (　　)山一角
(3) 自古(　　)來　　(4) 先(　　)時代

**7** **다음 漢字(한자) 중 訓(훈)과 音(음)이 바른 것을 모두 찾아 번호를 쓰세요.** 9점

① 牛 : 뿔 각　　② 比 : 북녘 북　　③ 打 : 칠 가
④ 件 : 물건 건　　⑤ 充 : 가득할 충

**8** **다음 문장의 漢字(한자)와 訓(훈)이 비슷한 漢字를 넣어 漢字語(한자어)를 완성하세요.** 각 4점씩

(1) 장교가 아닌 (　　)兵이(가) 전쟁에서 공을 세웠습니다.
(2) 저는 슈베르트의 歌(　　)을(를) 좋아합니다.
(3) 군인은 상관의 命(　　)에 복종해야만 합니다.

**9** **다음 漢字語(한자어)의 뜻풀이를 간단히 쓰세요.** 각 5점씩

(1) 再考 : (　　　　　　　)
(2) 住宅 : (　　　　　　　)
(3) 學友 : (　　　　　　　)

**10** **다음 漢字(한자)의 略字(약자 : 획수를 줄인 한자)를 쓰세요.** 각 5점씩

(1) 國 → (　　　)
(2) 會 → (　　　)

★ 정답은 182쪽에 있어요.

## 궁금타파 한자상식

# 촌수(寸數)를 알아봅시다!

친족 사이의 멀고 가까운 관계를 나타내는 수(數)를 촌수(寸數)라고 해요. 일가친척의 호칭과 촌수를 알아볼까요?

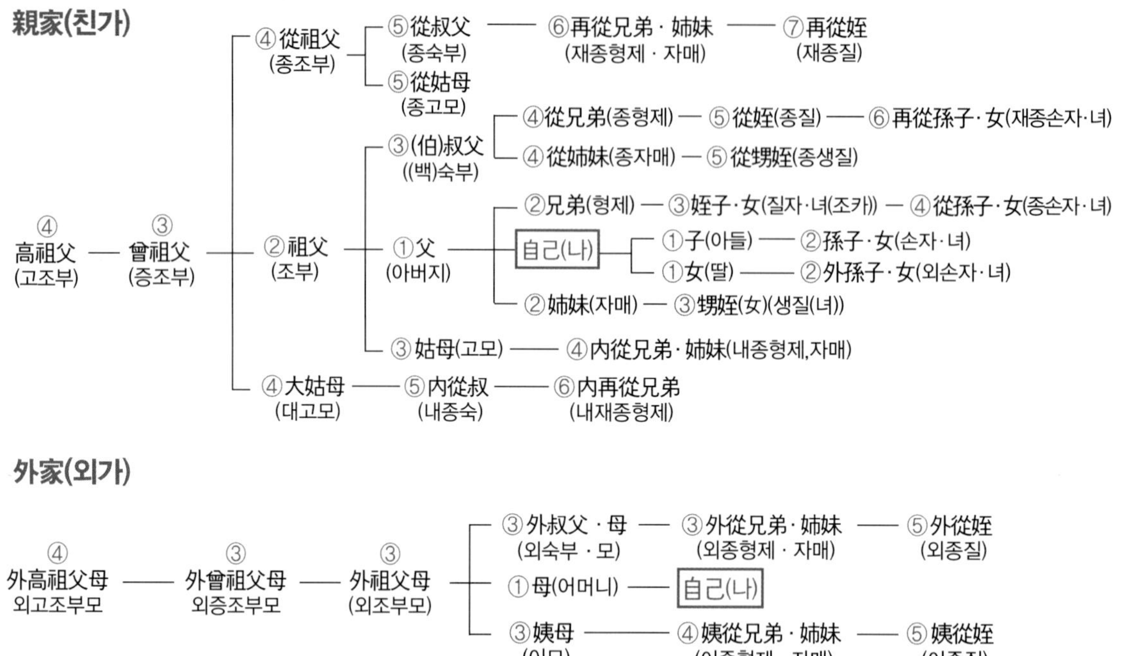


## 한데뭉친 반의자 · 유의자 결합어

• 서로 반대의 뜻을 가진 한자가 합쳐졌어요!

| | | | | | |
|---|---|---|---|---|---|
| 士民 | 사민 | 5급-001, 8급-049 | 吉凶 | 길흉 | 5급-030, 5급-005 |
| 自他 | 자타 | 7급-023, 5급-013 | 因果 | 인과 | 5급-031, 6급-030 |
| 去來 | 거래 | 5급-019, 7급-091 | 曲直 | 곡직 | 5급-034, 7급-093 |
| 本末 | 본말 | 6급-053, 5급-024 | 臣民 | 신민 | 5급-037, 8급-049 |
| 始末 | 시말 | 6급-012, 5급-024 | 溫冷 | 온랭 | 6급-045, 5급-040 |

• 서로 뜻이 비슷한 한자가 합쳐졌어요!

| | | | | | |
|---|---|---|---|---|---|
| 軍士 | 군사 | 8급-046, 5급-001 | 家宅 | 가택 | 7급-067, 5급-032 |
| 自己 | 자기 | 7급-023, 5급-002 | 第宅 | 제택 | 6급-124, 5급-032 |
| 命令 | 명령 | 7급-088, 5급-015 | 歌曲 | 가곡 | 7급-050, 5급-034 |
| 使令 | 사령 | 6급-008, 5급-015 | 軍兵 | 군병 | 8급-046, 5급-039 |
| 物件 | 물건 | 7급-047, 5급-027 | 士兵 | 사병 | 5급-001, 5급-039 |

스토리텔링 故고事사成성語어 1

8급-043 7급-012 8급-044 8급-011

# 靑天白日

푸를 청 하늘 천 흰 백 날 일

> 고사성어(故事成語)란 옛날의 사건이나 기록에서 유래한 두 자 이상으로 만들어진 특별한 뜻을 가진 한자어로서 세상에서 자주 인용됩니다.
> 사자성어(四字成語)란 네 한자로 이루어진 단어나 숙어를 말합니다.

**뜻** 맑게 갠 푸른 하늘에서 밝게 비치는 해라는 뜻으로, 훌륭한 인물(人物)은 세상(世上) 사람들이 다 알아본다는 의미였으나 아무런 잘못도 없는 결백(潔白)이나 무죄(無罪)를 가리키는 말로도 쓰입니다.

**해설** 당나라 중기의 시인이며 정치가인 한유(韓愈 : 자는 퇴지(退之))는 *당송팔대가 중 명문장가로 꼽혔던 사람인데, 그에게는 최군(崔群)이라는 인품이 훌륭한 벗이 있었습니다. 한유는 낮은 관직에 있는 그 벗의 인품을 칭송하여 편지(與崔群書 : 여최군서, 최군에게 주는 글)를 써 보냈는데, 명문(名文)으로 유명한 그 글 속에는 다음과 같은 이야기가 있습니다.

"사람들이 저마다 좋고 싫은 감정이 있을 터인데, 현명한 사람이든 어리석은 사람이든 모두 자네를 흠모하는 까닭은 무엇일까? 봉황(鳳凰)과 지초(芝草 : 영지버섯)가 *상서로운 *조짐이라는 것은 누구나 다 알고 있는 일이며 '청천백일'이 맑고 밝다는 것은 노예라도 알고 있네[靑天白日(청천백일) 奴隸示其知淸明(노예시기지청명)]."

여기서 한유가 '靑天白日(청천백일)'로 비유하여 말하고자 한 것은, 친구의 인품이 청명(淸明)하다는 것이 아니라 그 같이 훌륭한 인물은 누구든지 알아본다는 뜻입니다.

'청천백일'은
딱 나와 어울리는
고사성어야.


[주] ***당송팔대가(唐宋八大家)** : 당(唐 : 618~907)나라와 북송(北宋 : 960~1127)나라 시대의 여덟 명의 저명한 문장 대가(大家), 곧 당나라의 한유(韓愈 : 韓退之), 유종원(柳宗元 : 柳子厚)과 송나라의 구양수(歐陽脩 : 歐永叔), 왕안석(王安石 : 王介甫), 증공(曾鞏 : 會子固), 소순(蘇洵 : 蘇明允), 소식(蘇軾 : 蘇東坡), 소철(蘇轍 : 蘇子由)의 여덟 사람을 말함.

***상서(祥瑞)롭다** : 복스럽고 길한 일이 있을 듯하다.

***조짐(兆朕)** : 어떤 일이 일어나려고 하는 징조.

[출전] 한유(韓愈)의 여최군서〈與崔群書〉

8급-004 7급-046 8급-024 8급-025

# 四 海 兄 弟

넉 사 바다 해 아우 형 형 제

**뜻** 사해(四海)란 곧 온 천하(天下)를 가리키는 말로, 천하의 뭇사람들은 모두 동포(同胞)요, 형제(兄弟)라는 뜻입니다. [四海同胞(사해동포)]

**해설** 공자의 제자로 사마우(司馬牛)라는 사람이 있었는데, 그의 형은 *포악무도하여 공자를 죽이려고 한 적도 있었습니다. 사마우는 이를 매우 슬퍼하며 "남에게는 다 형제가 있으나, 나만이 형제를 잃고 혼자입니다."라고 말했습니다. 공자의 수제자인 자하(子夏)가 다음과 같이 그를 위로했습니다.

"죽고 사는 것은 천명(天命)이고 부귀 역시 천운(天運)에 의한다 하며, 군자는 공경해서 실수가 없으며 남에게 공손해서 예(禮)가 있으며, 사해(四海)가 모두 형제인데, 군자라면 형제가 없는 것을 어찌 근심하겠소[死生有命(사생유명) 富貴在天(부귀재천) 君子敬而無失(군자경이무실) 與人恭而有禮(여인공이유례) 四海之內皆爲兄弟也(사해지내개위형제야) 君子何患乎無兄弟也(군자하환호무형제야)]."

**[주]** ***포악무도(暴惡無道)**: 법도 도리도 없이 포악하다는 뜻으로, 말할 수 없이 사납고 악함.

**[출전]** 논어〈論語〉

**뜻** 집의 대문 앞이 시장을 이룬다는 뜻으로, 세도가(勢道家)나 부잣집 문 앞이 방문객(訪問客)으로 시장처럼 붐빈다는 말입니다.

**해설** 한(漢)나라 애제(哀帝)는 스무 살 된 나이로 제위에 올랐습니다. 그러나 외척이 정권을 쥐고 있어 꼭두각시에 불과했지만 그에게는 정숭(鄭崇)이라는 어진 신하(臣下)가 있었습니다. 처음엔 정숭의 말에 귀를 기울였으나 외척들의 저항이 점점 거세지자 귀찮아하면서 만나 주지 않았습니다. 그 틈에 간신들이 기회를 잡고 "정숭의 집의 문 앞이 시장을 이루고 있습니다[門前成市(문전성시)]"라고 모함하였습니다. 애제는 즉시 정숭을 불러 물었습니다.

"듣자니, 그대의 문전은 저자와 같다[君門如市(군문여시)]고 하던데, 그게 사실이오?"

"예, 폐하. 신의 문전은 저자와 같사오나[臣門如市(신문여시)], 신의 마음은 물같이 깨끗하옵니다[臣心如水(신심여수)]. 황공하오나 한 번 더 조사해 주시옵소서."라고 정숭이 답하였습니다. 그러나 애제는 정숭의 소청을 묵살한 채 옥에 가뒀으며 결국 정숭은 감옥에서 죽었습니다.

**[출전]** 한서〈漢書〉

**5급 한자 041–080** **初** 처음 **초** **告** 알릴 **고** **完** 완전할 **완** **局** 판, 국 **국** **序** 차례, 머리말 **서** **技** 재주 **기** **改** 고칠 **개** **束** 묶을, 약속할 **속** **材** 재목 **재** **決** 결정할, 끊을 **결** **汽** 김, 증기 **기** **災** 재앙, 화재 **재** **良** 어질, 좋을 **량(양)** **見** 볼 **견** | 나타날 **현** **赤** 붉을 **적** **兒** 아이 **아** **具** 갖출, 그릇 **구** **典** 법, 책 **전** **到** 다다를 **도** **卒** 군사, 마칠 **졸** **卓** 뛰어날, 탁자 **탁** **固** 굳을, 본디 **고** **奉** 받들 **봉** **店** 가게 **점** **念** 생각, 욀 **념(염)** **性** 성품, 성별 **성** **板** 널빤지 **판** **法** 법, 방법 **법** **河** 물 **하** **爭** 다툴 **쟁** **的** 과녁, 접미사 **적** **知** 알, 깨달을 **지** **雨** 비 **우** **則** 법칙 **칙** | 곧(어조사) **즉** **品** 물건, 품격 **품** **客** 손(님) **객** **屋** 집, 지붕 **옥** **建** 세울 **건** **思** 생각할, 그리워할 **사** **査** 조사할 **사**

5급 041

# 初

처음 초

공부한 날 ( )월 ( )일 확인 ( )

**글자 풀이** | 옷감(衤)을 칼(刀)로 자르는 것이 옷 짓는 일의 시작이라고 하여 '처음'이라는 의미지요.

**부수** | 刀 (칼도) **총획** | 7

**획순** | 初

**쓰기격파** 한자를 획순에 따라 써 보세요.

| 初 | 初 | | | | | | |
|---|---|---|---|---|---|---|---|

**단어격파** 활용단어의 뜻을 이해하고 따라 써 보세요.

| 한자 | 뜻 | 따라 쓰기 | | |
|---|---|---|---|---|
| 初等 | 초등 : 차례로 올라가는 데 있어 맨 처음(初)의 등급(等級) | 初等 | | |
| 今始初聞 | 금시초문 : 지금(只今)에야 비로소(始) 처음(初) 들음(聞) | 今始初聞 | | |

5급 042

# 告

알릴 고

공부한 날 ( )월 ( )일 확인 ( )

**글자 풀이** | 소(牛)를 잡아 신에게 소원을 말한다는(口) 뜻에서 '알리다'는 의미예요.

**부수** | 口 (입구) **총획** | 7

**획순** | 告

**쓰기격파** 한자를 획순에 따라 써 보세요.

| 告 | 告 | | | | | | |
|---|---|---|---|---|---|---|---|

**단어격파** 활용단어의 뜻을 이해하고 따라 써 보세요.

| 한자 | 뜻 | 따라 쓰기 | | |
|---|---|---|---|---|
| 公告 | 공고 : 국가 기관이나 공공단체가 일반인에게 공적(公的)으로 널리 알림(告) | 公告 | | |
| 告別式 | 고별식 : 전임하거나 퇴직할 때에 같이 있던 사람들과의 작별(作別)을 알리는(告) 의식(式) | 告別式 | | |

완전할 완

공부한 날 ( )월 ( )일 확인 ( )

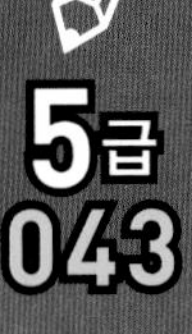

5급 043

글자 풀이 | 근본(元)이 탄탄한 집안(宀)은 '완전하다, 온전하다'는 뜻이랍니다.

부수 | 宀(갓머리) 총획 | 7

획순 | 完 完 完 完 完 完 完

쓰기격파 한자를 획순에 따라 써 보세요.

| 完 | 完 | | | | | | |
|---|---|---|---|---|---|---|---|

단어격파 활용단어의 뜻을 이해하고 따라 써 보세요.

| 完成 | 완성 : 완전(完全)히 다 이룸(成) | 完成 | | |
|---|---|---|---|---|
| 不完全 | 불완전 : 필요한 조건이 빠지거나 틀려서 완전(完全)하지 못함(不) | 不完全 | | |

판, 국 국

공부한 날 ( )월 ( )일 확인 ( )

5급 044

글자 풀이 | 자(尺)로 재듯이 정확한 말(口)로 법도에 따라 일을 하는 '관청'의 의미예요.

부수 | 尸 (주검시엄) 총획 | 7

획순 | 局 局 局 局 局 局 局

쓰기격파 한자를 획순에 따라 써 보세요.

| 局 | 局 | | | | | | |
|---|---|---|---|---|---|---|---|

단어격파 활용단어의 뜻을 이해하고 따라 써 보세요.

| 局面 | 국면 : 어떤 일(局)이 벌어진 장면(場面)이나 형편 | 局面 | | |
|---|---|---|---|---|
| 藥局 | 약국 : 약사가 약(藥)을 조제하거나 파는 곳(局) | 藥局 | | |

5급 045

序

차례, 머리말 서

공부한 날 ( )월 ( )일 확인 ( )

**글자 풀이** | 본래는 집(广)을 동서로 늘어놓은(予) 것에서 '토담'을 뜻했으나, 현재는 '차례, 실마리'를 의미해요.

**부수** | 广 (엄호) **총획** | 7

**획순** | 序 序 序 序 序 序 序

**쓰기격파** 한자를 획순에 따라 써 보세요.

| 序 | 序 | | | | | | |
|---|---|---|---|---|---|---|---|

**단어격파** 활용단어의 뜻을 이해하고 따라 써 보세요.

| | | | | |
|---|---|---|---|---|
| 序曲 | 서곡 : 오페라, 오라토리오, 모음곡 따위의 첫머리에 연주되어 도입부(序)의 구실을 하는 악곡(樂曲) | 序曲 | | |
| 序頭 | 서두 : 어떤 차례(序)의 첫머리(頭) | 序頭 | | |

5급 046

技

재주 기

공부한 날 ( )월 ( )일 확인 ( )

**글자 풀이** | 손(手)으로 다루(支)는 능력이 뛰어남을 나타내는 '재주'를 뜻한답니다.

**부수** | 手 (손수), 扌(재방변) **총획** | 7

**획순** | 技 技 技 技 技 技 技

**쓰기격파** 한자를 획순에 따라 써 보세요.

| 技 | 技 | | | | | | |
|---|---|---|---|---|---|---|---|

**단어격파** 활용단어의 뜻을 이해하고 따라 써 보세요.

| | | | | |
|---|---|---|---|---|
| 技術 | 기술 : 사물을 잘 다룰 수 있는 재주(技)나 방법(術) | 技術 | | |
| 特技 | 특기 : 특별(特別)한 기능(技能)이나 기술(技術) | 特技 | | |

고칠 개

공부한 날 월 일 확인

5급 047

글자 풀이 | 나쁜 행위를 한 사람(己)에게 채찍(攵)으로 두들겨 '고친다'는 의미예요.

부수 | 攴, 攵 (등글월문)  총획 | 7

획순 | 改 改 改 改 改 改 改

쓰기격파 한자를 획순에 따라 써 보세요.

| 改 | 改 | | | | | | |
|---|---|---|---|---|---|---|---|

단어격파 활용단어의 뜻을 이해하고 따라 써 보세요.

| 改定 | 개정 : 한번 정했던 것을 고쳐(改) 다시 정(定)함 | 改定 | | |
|---|---|---|---|---|
| 改新教 | 개신교 : 16세기에, 종교 개혁의 결과로 가톨릭에서 새로(改新) 갈라져 나온 기독교(基督教)의 여러 파를 통틀어 이르는 말 | 改新教 | | |

묶을, 약속할 속

공부한 날 월 일 확인

5급 048

글자 풀이 | 나뭇가지(木)를 모아 끈으로 묶은(口 : 囗(둘레 위)의 古字) 모양을 본뜬 글자로 '묶다'라는 뜻이지요.

부수 | 木 (나무목)  총획 | 7

획순 | 束 束 束 束 束 束 束

쓰기격파 한자를 획순에 따라 써 보세요.

| 束 | 束 | | | | | | |
|---|---|---|---|---|---|---|---|

단어격파 활용단어의 뜻을 이해하고 따라 써 보세요.

| 束手 | 속수 : ① 속뜻 손(手)을 묶음(束) ② 팔짱을 끼고 아무것도 하지 아니함 | 束手 | | |
|---|---|---|---|---|
| 光線束 | 광선속 : 빛다발. 광선(光線)의 다발(束) | 光線束 | | |

5급
049

재목 재

공부한 날 월 일 확인

글자 풀이 | 건물의 바탕(才)이 되는 나무(木)로, '재목'을 의미하지요.

부수 | 木 (나무목) 총획 | 7

획순 | 一 十 才 木 村 村 材

**쓰기격파** 한자를 획순에 따라 써 보세요.

材 材

**단어격파** 활용단어의 뜻을 이해하고 따라 써 보세요.

| | | |
|---|---|---|
| 教材 | 교재 : 학문이나 기예 따위를 가르치거나(教) 배우는 데 필요한 여러 가지 재료(材料) | 教材 |
| 人材登用 | 인재등용 : 어떤 분야에서 재목(材木)이 될 만한 사람(人)을 뽑아(登) 씀(用) | 人材登用 |

5급
050

결정할, 끊을 결

공부한 날 월 일 확인

글자 풀이 | 물(氵)을 터놓아(夬) 제방을 끊는다는 뜻에서 '끊다, 결정하다'는 의미예요.

부수 | 水 (물수), 氵(삼수변) 총획 | 7

획순 | 氵 氵 氵 氵 氵 泱 決

**쓰기격파** 한자를 획순에 따라 써 보세요.

決 決

**단어격파** 활용단어의 뜻을 이해하고 따라 써 보세요.

| | | |
|---|---|---|
| 決心 | 결심 : 마음(心)을 굳게 작정함(決) | 決心 |
| 決勝戰 | 결승전 : 운동 경기 따위에서 마지막으로 승부를 가리는(決勝) 시합(戰) | 決勝戰 |

김, 증기 기

공부한 날 ( )월 ( )일 확인 ( )

**글자 풀이** | 물(氵)이 끓게 되면 뜨거운 기운(气)인 '김'이 나와요.

✽ **부수** | 水 (물수), 氵(삼수변) ✽ **총획** | 7

✽ **획순** | 氵 汽

5급 051

**쓰기격파** 한자를 획순에 따라 써 보세요.

| 汽 | 汽 | | | | | | |
|---|---|---|---|---|---|---|---|

**단어격파** 활용단어의 뜻을 이해하고 따라 써 보세요.

| | | | | |
|---|---|---|---|---|
| 汽車 | 기차 : 증기(汽)나 디젤의 힘으로 움직이는 철도 차량(車輛) | 汽車 | | |
| 汽動車 | 기동차 : 내연 기관(汽)을 장치하고 그 기관의 동력(動力)을 이용해 운행하는 철도 차량(車輛) | 汽動車 | | |

災

재앙, 화재 재

공부한 날 ( )월 ( )일 확인 ( )

**글자 풀이** | 강물(巛 = 川)이나 화재(火)로 인한 '재앙'을 의미한답니다.

✽ **부수** | 火 (불화) ✽ **총획** | 7

✽ **획순** | 巛 災

5급 052

**쓰기격파** 한자를 획순에 따라 써 보세요.

| 災 | 災 | | | | | | |
|---|---|---|---|---|---|---|---|

**단어격파** 활용단어의 뜻을 이해하고 따라 써 보세요.

| | | | | |
|---|---|---|---|---|
| 火災 | 화재 : 불(火)로 인한 재앙(災殃) | 火災 | | |
| 水災民 | 수재민 : 홍수(洪水)나 장마 따위로 재해(災害)를 당한 사람(民) | 水災民 | | |

5급 053

# 良

어질, 좋을 량(양)

공부한 날 ( )월 ( )일 확인 ( )

글자 풀이 | 체로 곡식의 낟알을 가려내는 모양을 본뜬 글자로 곡물의 질이 '좋다, 어질다'는 의미예요.

부수 | 艮 (괘이름간)　　총획 | 7

획순 | 良

쓰기격파 한자를 획순에 따라 써 보세요.

| 良 | 良 | | | | | | |
|---|---|---|---|---|---|---|---|

단어격파 활용단어의 뜻을 이해하고 따라 써 보세요.

|  |  |  | | |
|---|---|---|---|---|
| 不良 | 불량: ① 속뜻 질이나 상태 따위가 좋지(良) 않음(不) ② 품행이 좋지 않음 | 不良 | | |
| 改良 | 개량: 고쳐(改) 좋게(良) 함 | 改良 | | |

5급 054

# 見

볼 견, 나타날 현

공부한 날 ( )월 ( )일 확인 ( )

글자 풀이 | 사람(儿=人)이 눈(目)으로 '본다'는 뜻이지요.

부수 | 見 (제부수)　　총획 | 7

획순 | 見

쓰기격파 한자를 획순에 따라 써 보세요.

| 見 | 見 | | | | | | |
|---|---|---|---|---|---|---|---|

단어격파 활용단어의 뜻을 이해하고 따라 써 보세요.

|  |  |  | | |
|---|---|---|---|---|
| 發見 | 발견: 남이 미처 찾아내지 못하였거나 세상에 널리 알려지지 않은 것을 먼저 드러내(發) 보임(見) | 發見 | | |
| 見物生心 | 견물생심: 물건(物件)을 보면(見) 그것을 가지고 싶은 욕심(慾心)이 생김(生) | 見物生心 | | |

붉을 적

공부한 날 ( )월 ( )일 확인 ( )

5급 055

글자 풀이 | 큰(大) 불(火)이 타오르는 빛깔이 '붉다'는 의미예요.

※ 부수 | 赤 (제부수) ※ 총획 | 7

※ 획순 | 一 十 土 ナ 亣 赤 赤

**쓰기격파** 한자를 획순에 따라 써 보세요.

| 赤 | 赤 | | | | | | |
|---|---|---|---|---|---|---|---|

**단어격파** 활용단어의 뜻을 이해하고 따라 써 보세요.

| | | | | |
|---|---|---|---|---|
| 赤色 | 적색 : 붉은(赤) 빛깔(色) | 赤色 | | |
| 赤道 | 적도 : ① 속뜻 지도에 붉은(赤)색으로 표시한 길(道) ② 지구의 중심을 지나는 지축에 직각인 평면과 지표가 교차되는 선 | 赤道 | | |

아이 아

공부한 날 ( )월 ( )일 확인 ( )

5급 056

글자 풀이 | 머리(臼)와 다리(儿) 모양을 그린 글자로 '어린아이'를 뜻해요.

※ 부수 | 儿 (어진사람인발) ※ 총획 | 8

※ 획순 | 丿 亻 𠂉 𦥑 臼 臼 臼 兒

**쓰기격파** 한자를 획순에 따라 써 보세요.

| 兒 | 兒 | | | | | | |
|---|---|---|---|---|---|---|---|

**단어격파** 활용단어의 뜻을 이해하고 따라 써 보세요.

| | | | | |
|---|---|---|---|---|
| 兒童 | 아동 : 어린아이(兒=童) | 兒童 | | |
| 三生兒 | 삼생아 : 한 어머니에게서 한꺼번에 태어난(生) 세(三) 아이(兒). 세쌍둥이 | 三生兒 | | |

5급 057

# 具

갖출, 그릇 구

공부한 날 ( )월 ( )일 확인 ( )

글자 풀이 | 두 손(八)으로 보물(貝)을 받치고 있는 모양을 본뜬 글자예요.

※ 부수 | 八 (여덟팔)　　※ 총획 | 8

※ 획순 | 丨 冂 月 月 目 且 具 具

**쓰기격파** 한자를 획순에 따라 써 보세요.

| 具 | 具 | | | | | | |
|---|---|---|---|---|---|---|---|

**단어격파** 활용단어의 뜻을 이해하고 따라 써 보세요.

|  |  |  |  | | |
|---|---|---|---|---|---|
| 道具 | 도구 | ① 속뜻 어떤 목적을 이루기 위한 방법(道)이나 수단(具) ② 일을 할 때 쓰는 연장 | 道具 | | |
| 具體化 | 구체화 | 구체(具體)적인 것으로 됨(化). 또는 그렇게 만듦 | 具體化 | | |

5급 058

# 典

법, 책 전

공부한 날 ( )월 ( )일 확인 ( )

글자 풀이 | 두 손(廾)으로 받아들어야 하는 책(冊)으로 '법전, 경전'을 뜻하지요.

※ 부수 | 八 (여덟팔)　　※ 총획 | 8

※ 획순 | 丨 冂 巾 巾 曲 曲 典 典

**쓰기격파** 한자를 획순에 따라 써 보세요.

| 典 | 典 | | | | | | |
|---|---|---|---|---|---|---|---|

**단어격파** 활용단어의 뜻을 이해하고 따라 써 보세요.

|  |  |  |  | | |
|---|---|---|---|---|---|
| 字典 | 자전 | 낱낱 한자(字)에 대하여 음과 뜻을 자세히 풀이해 놓은 책(典) | 字典 | | |
| 百科事典 | 백과사전 | 문화, 예술 등 모든 분야의(百科) 일(事)을 체계에 따라 늘어놓은 책(典) | 百科事典 | | |

다다를 도

공부한 날 ( )월 ( )일 확인 ( )

글자 풀이 | 무사가 칼(刀)을 가지고 소집 장소에 이른다(至)하여 '도착하다'는 의미예요.

※ 부수 | 刀 (칼도), 刂 (선칼도방) ※ 총획 | 8

※ 획순 | 到 到 到 到 到 到 到 到

5급 059

**쓰기격파** 한자를 획순에 따라 써 보세요.

| 到 | 到 | | | | | | |
|---|---|---|---|---|---|---|---|

**단어격파** 활용단어의 뜻을 이해하고 따라 써 보세요.

| 到來 | 도래 : 어떤 시기나 기회가 닥쳐(到) 옴(來) | 到來 | | |
|---|---|---|---|---|
| 讀書三到 | 독서삼도 : 글(書)을 읽을(讀) 때, 입으로 다른 말을 않고, 눈으로 딴 것을 보지 말고, 마음속에 새기면 그 참뜻에 이른다는 뜻. 구도(口到)·안도(眼到)·심도(心到)의 세(三) 가지 | 讀書三到 | | |

군사, 마칠 졸

공부한 날 ( )월 ( )일 확인 ( )

글자 풀이 | 똑같은 옷(衣)을 입은 열(十) 명의 병졸로 '군사'를 뜻해요.

※ 부수 | 十 (열십) ※ 총획 | 8

※ 획순 | 卒 卒 卒 卒 卒 卒 卒 卒

5급 060

**쓰기격파** 한자를 획순에 따라 써 보세요.

| 卒 | 卒 | | | | | | |
|---|---|---|---|---|---|---|---|

**단어격파** 활용단어의 뜻을 이해하고 따라 써 보세요.

| 卒業 | 졸업 : 학생이 규정에 따라 소정의 학업(學業)을 마침(卒) | 卒業 | | |
|---|---|---|---|---|
| 卒兵 | 졸병 : 직위가 낮은(卒) 병사(兵士) | 卒兵 | | |

5급 061

# 卓

뛰어날, 탁자 **탁**

공부한 날 ( )월 ( )일 확인 ( )

**글자 풀이** | 새벽(早)에 해가 떠서 곧 하늘 위로(上) 높이 오른다는 뜻에서 '뛰어나다'는 의미예요.

**부수** | 十 (열십)  **총획** | 8

**획순** | 卓 (8획)

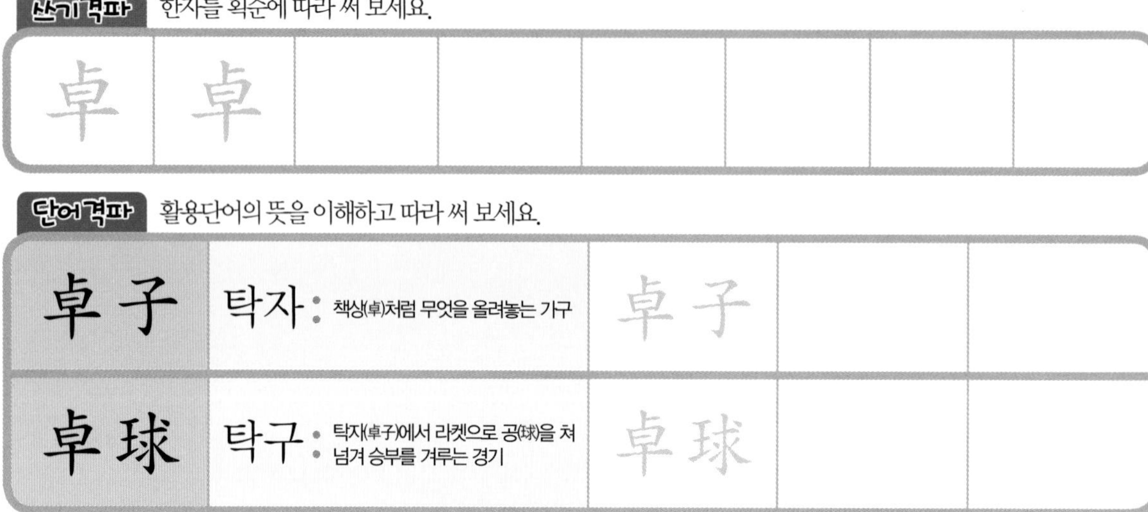

**쓰기격파** 한자를 획순에 따라 써 보세요.

| 卓 | 卓 | | | | | | |
|---|---|---|---|---|---|---|---|

**단어격파** 활용단어의 뜻을 이해하고 따라 써 보세요.

|  |  |  | | |
|---|---|---|---|---|
| 卓子 | 탁자 : 책상(卓)처럼 무엇을 올려놓는 가구 | 卓子 | | |
| 卓球 | 탁구 : 탁자(卓子)에서 라켓으로 공(球)을 쳐 넘겨 승부를 겨루는 경기 | 卓球 | | |

5급 062

# 固

굳을, 본디 **고**

공부한 날 ( )월 ( )일 확인 ( )

**글자 풀이** | 옛(古) 것을 지키기 위해 바깥쪽을 둘러싼다(口) 하여 '굳게'를 뜻하지요.

**부수** | 口 (큰입구몸)  **총획** | 8

**획순** | 固 (8획)

**쓰기격파** 한자를 획순에 따라 써 보세요.

| 固 | 固 | | | | | | |
|---|---|---|---|---|---|---|---|

**단어격파** 활용단어의 뜻을 이해하고 따라 써 보세요.

|  |  |  | | |
|---|---|---|---|---|
| 固體 | 고체 : 쉽게 변형되지 않고(固) 일정한 모양과 부피가 있는 물질(體) | 固體 | | |
| 固定 | 고정 : ① 속뜻 한곳에 꼭 붙어(固) 있거나 또는 박혀(定) 있음 ② 일정한 곳이나 상태에서 변하지 아니함 ③ 흥분이나 노기를 가라앉힘 | 固定 | | |

받들 봉

공부한 날 월 일 확인

글자 풀이 | 두 손(手)으로 물건을 떠받치고 있는 모습을 본뜬 글자랍니다.

※ 부수 | 大 (큰대) ※ 총획 | 8

※ 획순 | 一 二 三 丰 夫 夫 叁 奉

5급 063

**쓰기격파** 한자를 획순에 따라 써 보세요.

| 奉 | 奉 | | | | | | |
|---|---|---|---|---|---|---|---|

**단어격파** 활용단어의 뜻을 이해하고 따라 써 보세요.

| | | | | |
|---|---|---|---|---|
| 奉仕 | 봉사 : ① 속뜻 받들어(奉) 섬김(仕) ② 사회 또는 남을 위하여 몸과 마음을 다해 섬김 | 奉仕 | | |
| 信奉 | 신봉 : 옳다고 믿고(信) 받듦(奉) | 信奉 | | |

가게 점

공부한 날 월 일 확인

글자 풀이 | 점(占)치는 집(广)으로 '가게'를 뜻해요.

※ 부수 | 广 (엄호) ※ 총획 | 8

※ 획순 | 丶 亠 广 广 庀 庀 店 店

5급 064

**쓰기격파** 한자를 획순에 따라 써 보세요.

| 店 | 店 | | | | | | |
|---|---|---|---|---|---|---|---|

**단어격파** 활용단어의 뜻을 이해하고 따라 써 보세요.

| | | | | |
|---|---|---|---|---|
| 書店 | 서점 : 책(書)을 파는 가게(店) | 書店 | | |
| 飮食店 | 음식점 : 음식(飮食)을 파는 가게(店) | 飮食店 | | |

5급 065

# 念

생각, 욀 념(염)

공부한 날 ( )월 ( )일 확인 ( )

글자 풀이 | 항상(今) 마음(心) 속에서 잊지 않는 데서 '생각하다'는 뜻이에요.

부수 | 心 (마음심)　총획 | 8

획순 | 丿 人 亼 今 今 念 念 念

한자를 획순에 따라 써 보세요.

| 念 | 念 | | | | | | |
|---|---|---|---|---|---|---|---|

단어격파 활용단어의 뜻을 이해하고 따라 써 보세요.

| 信念 | 신념 : 굳게 믿어(信) 변하지 않는 생각(念) | 信念 | | |
|---|---|---|---|---|
| 紀念式 | 기념식 : 어떤 일을 기념(紀念)하기 위하여 베푸는 의식(儀式) | 紀念式 | | |

5급 066

# 性

성품, 성별 성

저 사람은 보이는 거랑 성품이 정반대야.


공부한 날 ( )월 ( )일 확인 ( )

글자 풀이 | 사람이 태어날(生) 때부터 갖고 있는 마음(心)으로 '성품'을 뜻하지요.

부수 | 心 (마음심), 忄(심방변)　총획 | 8

획순 | 丨 丶 忄 忄 忄 怀 性 性

쓰기격파 한자를 획순에 따라 써 보세요.

| 性 | 性 | | | | | | |
|---|---|---|---|---|---|---|---|

단어격파 활용단어의 뜻을 이해하고 따라 써 보세요.

| 特性 | 특성 : 특별(特別)한 성질(性質) | 特性 | | |
|---|---|---|---|---|
| 母性愛 | 모성애 : 자식에 대한 어머니의 본능적인(母性) 사랑(愛) | 母性愛 | | |

板

널빤지 판

공부한 날 ( )월 ( )일 확인 ( )

**글자 풀이** | 나무(木)를 켜고 뒤집어(反) 만든 '널빤지'를 뜻한답니다.

**부수** | 木 (나무목)　**총획** | 8

**획순** | 一 十 才 木 木 杇 朸 板

5급 067

**쓰기격파** 한자를 획순에 따라 써 보세요.

| 板 | 板 | | | | | | |
|---|---|---|---|---|---|---|---|

**단어격파** 활용단어의 뜻을 이해하고 따라 써 보세요.

| | | | | |
|---|---|---|---|---|
| 數板 | 수판 : 셈(數)을 하는 데 쓰이는 판(板) 모양의 기구 | 數板 | | |
| 字板 | 자판 : 글자(字)를 배열해 놓은 판(板) | 字板 | | |

法

법, 방법 법

공부한 날 ( )월 ( )일 확인 ( )

**글자 풀이** | 물(氵)이 흘러가는 것과 같은 순리를 거스르는 자를 제거한다(去) 하여 '법'을 의미해요.

**부수** | 水 (물수), 氵(삼수변)　**총획** | 8

**획순** | 丶 丶 氵 氵 汁 汢 法 法

5급 068

**쓰기격파** 한자를 획순에 따라 써 보세요.

| 法 | 法 | | | | | | |
|---|---|---|---|---|---|---|---|

**단어격파** 활용단어의 뜻을 이해하고 따라 써 보세요.

| | | | | |
|---|---|---|---|---|
| 國法 | 국법 : 나라(國)의 법률(法律)이나 법규 | 國法 | | |
| 技法 | 기법 : 기술(技術)을 부리는 방법(方法). 기교를 부리는 방법 | 技法 | | |

5급 069

# 河

물 하

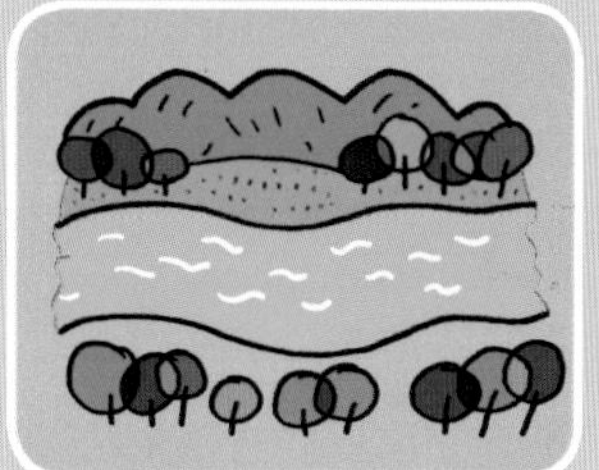

공부한 날 월 일 확인

**글자 풀이** | 물(氵)의 흐름이 보기에 좋다(可)는 뜻에서 '강'을 의미하지요.

**부수** | 水 (물수), 氵(삼수변) **총획** | 8

**획순** | 河 河 河 河 河 河 河 河

**쓰기격파** 한자를 획순에 따라 써 보세요.

| 河 | 河 | | | | | | |
|---|---|---|---|---|---|---|---|

**단어격파** 활용단어의 뜻을 이해하고 따라 써 보세요.

|  |  |  | | |
|---|---|---|---|---|
| 河川 | 하천 : 강(河)과 시내(川) | 河川 | | |
| 氷河 | 빙하 : 높은 산이나 고위도 지방의 만년설이 그 무게의 압력으로 얼음덩이(氷)가 되어 천천히 비탈면을 흘러 내려와 강(河)을 이룬 것 | 氷河 | | |

5급 070

# 爭

다툴 쟁

공부한 날 월 일 확인

**글자 풀이** | 작대기(爭)를 서로 차지하기 위해 손톱(爫)을 들어내 놓고 '싸운다'는 뜻이랍니다.

**부수** | 爪 (손톱조), 爫(손톱머리) **총획** | 8

**획순** | 爭 爭 爭 爭 爭 爭 爭 爭

**쓰기격파** 한자를 획순에 따라 써 보세요.

| 爭 | 爭 | | | | | | |
|---|---|---|---|---|---|---|---|

**단어격파** 활용단어의 뜻을 이해하고 따라 써 보세요.

|  |  |  | | |
|---|---|---|---|---|
| 戰爭 | 전쟁 : ① 속뜻 싸움(戰)과 다툼(爭) ② 국가와 국가, 또는 교전 단체 사이에 무력을 사용하여 싸움 | 戰爭 | | |
| 言爭 | 언쟁 : 말(言)로 하는 다툼(爭) | 言爭 | | |

과녁, 접미사 적

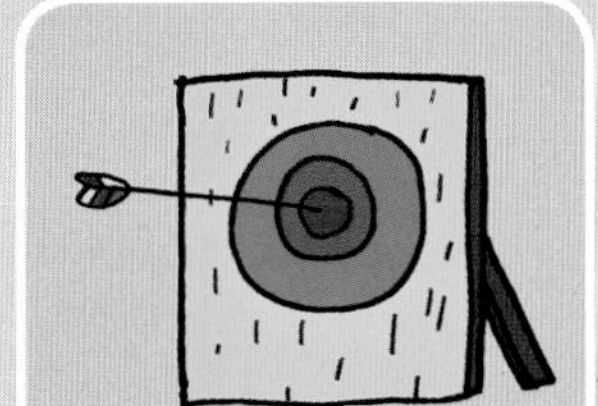

공부한 날 ( 월 ) ( 일 ) 확인 ( )

**글자 풀이** | 흰(白) 둥그라미 판에 찍어 둔 작은(勺) 점을 향해 활을 쏘는 것에서 '과녁'을 의미해요.

**부수** | 白 (흰백) **총획** | 8

**획순** | 的 的 的 的 的 的 的 的

**5급 071**

**쓰기격파** 한자를 획순에 따라 써 보세요.

| 的 | 的 | | | | | | |
|---|---|---|---|---|---|---|---|

**단어격파** 활용단어의 뜻을 이해하고 따라 써 보세요.

| | | | | | |
|---|---|---|---|---|---|
| 目 的 | 목적 | ① 속뜻 목표(目標)로 정한 과녁(的) ② 이룩하거나 도달하려고 하는 목표나 방향 | 目 的 | | |
| 科學的 | 과학적 | ① 속뜻 과학(科學)의 면에서 본 정확성이나 타당성이 있는 것(的) ② 과학의 본질에 근거한 것 | 科學的 | | |

知

알, 깨달을 지

난 지식이
풍부한 사람!

공부한 날 ( 월 ) ( 일 ) 확인 ( )

**글자 풀이** | 화살(矢)이 날아가 과녁을 맞추는 것처럼 말(口)이 정곡을 찌른다는 뜻에서 '알다'를 의미하지요.

**부수** | 矢 (화살시) **총획** | 8

**획순** | 知 知 知 知 知 知 知 知

**5급 072**

**쓰기격파** 한자를 획순에 따라 써 보세요.

| 知 | 知 | | | | | | |
|---|---|---|---|---|---|---|---|

**단어격파** 활용단어의 뜻을 이해하고 따라 써 보세요.

| | | | | | |
|---|---|---|---|---|---|
| 親 知 | 친지 | 친근(親近)하게 서로 잘 알고(知) 지내는 사람 | 親 知 | | |
| 不問可知 | 불문가지 | 묻지(問) 아니하여도(不) 알(知) 수 있음(可) | 不問可知 | | |

5급 073

비 우

공부한 날 월 일 확인

글자 풀이 | 구름에서 물방울이 떨어지는 모양을 본뜬 글자예요.

❈ 부수 | 雨 (제부수) ❈ 총획 | 8

❈ 획순 | 一 丅 帀 币 雨 雨 雨 雨

**쓰기격파** 한자를 획순에 따라 써 보세요.

| 雨 | 雨 | | | | | | |
|---|---|---|---|---|---|---|---|

**단어격파** 활용단어의 뜻을 이해하고 따라 써 보세요.

|  |  |  | | |
|---|---|---|---|---|
| 雨衣 | 우의 : 비(雨)가 올 때 입는 옷(衣) | 雨衣 | | |
| 雨天 | 우천 : ① 속뜻 비(雨)가 내리는 하늘(天) ② 비가 오는 날씨 | 雨天 | | |

5급 074

법칙 칙, 곧(어조사) 즉

공부한 날 월 일 확인

글자 풀이 | 재물(貝)을 공평하게 나누기(刂) 위해서는 어떤 '법칙'이 있어야 해요.

❈ 부수 | 刀 (칼도), 刂 (선칼도방) ❈ 총획 | 9

❈ 획순 | 丨 冂 冃 月 目 貝 貝 則 則

**쓰기격파** 한자를 획순에 따라 써 보세요.

| 則 | 則 | | | | | | |
|---|---|---|---|---|---|---|---|

**단어격파** 활용단어의 뜻을 이해하고 따라 써 보세요.

|  |  |  | | |
|---|---|---|---|---|
| 校則 | 교칙 : 학교(學校)의 규칙(規則) | 校則 | | |
| 法則 | 법칙 : ① 속뜻 반드시 지켜야만 하는 법(法)이나 규칙(規則) ② 사물 상호 간의 필연적·본질적인 관계 | 法則 | | |

물건, 품격 품

공부한 날 ( )월 ( )일 확인 ( )

**5급 075**

**글자 풀이** | 여러 사람이 모여서 의견(口)을 주고받으니 좋은 물건이 나온다 하여 '품격'을 의미하지요.

**부수** | 口 (입구) **총획** | 9

**획순** | 品

**쓰기격파** 한자를 획순에 따라 써 보세요.

| 品 | 品 | | | | | | |
|---|---|---|---|---|---|---|---|

**단어격파** 활용단어의 뜻을 이해하고 따라 써 보세요.

| 物品 | 물품 : 쓸모 있는 물건(物件)이나 제품(製品) | 物品 | | |
|---|---|---|---|---|
| 品行 | 품행 : 성품(性品)과 행실(行實) | 品行 | | |

손(님) 객

공부한 날 ( )월 ( )일 확인 ( )

**5급 076**

**글자 풀이** | 집(宀)에 이른(各) 외부 사람으로 '손님, 나그네'를 의미한답니다.

**부수** | 宀 (갓머리) **총획** | 9

**획순** | 客

**쓰기격파** 한자를 획순에 따라 써 보세요.

| 客 | 客 | | | | | | |
|---|---|---|---|---|---|---|---|

**단어격파** 활용단어의 뜻을 이해하고 따라 써 보세요.

| 客席 | 객석 : 극장, 경기장 따위에서 관객(觀客)들이 앉는 자리(席) | 客席 | | |
|---|---|---|---|---|
| 千客萬來 | 천객만래 : ① 속뜻 천(千) 명의 손님(客)이 만(萬) 번씩 옴(來) ② 많은 손님이 번갈아 계속 찾아옴을 이르는 말 | 千客萬來 | | |

5급
077

屋

집, 지붕 옥

공부한 날 ( )월 ( )일 확인 ( )

**글자 풀이** | 사람(尸)이 이르러(至) 머물러 있는 곳인 '집'을 의미합니다.

**부수** | 尸 (주검시엄) **총획** | 9

**획순** |

**쓰기격파** 한자를 획순에 따라 써 보세요.

| 屋 | 屋 | | | | | | |
|---|---|---|---|---|---|---|---|

**단어격파** 활용단어의 뜻을 이해하고 따라 써 보세요.

| 家屋 | 가옥 : 사람이 사는 집(家=屋) | 家屋 | | |
|---|---|---|---|---|
| 韓屋 | 한옥 : 전통 한식(韓式)으로 지은 집(屋) | 韓屋 | | |

5급
078

建

세울 건

공부한 날 ( )월 ( )일 확인 ( )

**글자 풀이** | 붓(聿)을 세워서(廴) '쓰다'에서 물건을 '세우다'는 의미로 변했어요.

**부수** | 廴 (민책받침) **총획** | 9

**획순** |

**쓰기격파** 한자를 획순에 따라 써 보세요.

| 建 | 建 | | | | | | |
|---|---|---|---|---|---|---|---|

**단어격파** 활용단어의 뜻을 이해하고 따라 써 보세요.

| 建立 | 건립 : ① 속뜻 건물, 기념비, 동상, 탑 따위를 만들어 세움(建=立) ② 기관, 조직체 따위를 새로 조직함 | 建立 | | |
|---|---|---|---|---|
| 再建 | 재건 : 없어졌거나 허물어진 것을 다시(再) 일으켜 세움(建) | 再建 | | |

생각할, 그리워할 사

공부한 날 ( )월 ( )일 확인 ( )

**글자 풀이** | 머리(田: 囟 〈정수리 신〉)와 마음(心)으로 '생각한다'는 의미예요.

**부수** | 心 (마음심)　**총획** | 9

**획순** | 思 思 思 思 思 思 思 思 思

5급 079

**쓰기격파** 한자를 획순에 따라 써 보세요.

| 思 | 思 | | | | | | |
|---|---|---|---|---|---|---|---|

**단어격파** 활용단어의 뜻을 이해하고 따라 써 보세요.

|  |  |  | | |
|---|---|---|---|---|
| 意思 | 의사 : 무엇을 하고자 하는 뜻(意)과 생각(思) | 意思 | | |
| 思考力 | 사고력 : 사고(思考)하는 능력(能力) | 思考力 | | |

조사할 사

공부한 날 ( )월 ( )일 확인 ( )

**글자 풀이** | 나무(木)를 쌓아(且) 방책을 만들고 통행인을 '조사한다'는 뜻이지요.

**부수** | 木 (나무목)　**총획** | 9

**획순** | 査 査 査 査 査 査 査 査 査

5급 080

**쓰기격파** 한자를 획순에 따라 써 보세요.

| 査 | 査 | | | | | | |
|---|---|---|---|---|---|---|---|

**단어격파** 활용단어의 뜻을 이해하고 따라 써 보세요.

|  |  |  | | |
|---|---|---|---|---|
| 考査 | 고사 : ① 속뜻 자세히 생각하고(考) 알뜰히 살펴봄(査) ② 학력(學力)을 알아보는 시험 | 考査 | | |
| 査正 | 사정 : 조사(調査)하여 그릇된 것을 바로(正) 잡음 | 査正 | | |

# 2 5급 한자 041-080 시험격파

**1 다음 漢字語(한자어)의 讀音(독음)을 쓰세요.** 각 3점씩

(1) 구기 종목 중 卓球(　　　　)을(를) 가장 좋아합니다.

(2) 우리 민족의 固有文化(　　　　)을(를) 계승시켜 나갑시다.

**2 다음 漢字(한자)에 맞는 訓(훈)과 音(음)을 쓰세요.** 각 3점씩

(1) 技 : (　　　　)

(2) 思 : (　　　　)

**3 다음 보기 에서 漢字(한자)와 訓(훈)이 반대되는 글자를 찾아 번호를 쓰세요.** 각 4점씩

보기　❶ 河　❷ 月　❸ 可　❹ 主

(1) 客 ↔ (　　　　)　(2) 山 ↔ (　　　　)

**4 다음 漢字(한자)의 색칠된 畫(획)이 몇 번째인지 숫자로 각각 쓰세요.** 각 4점씩

(1)

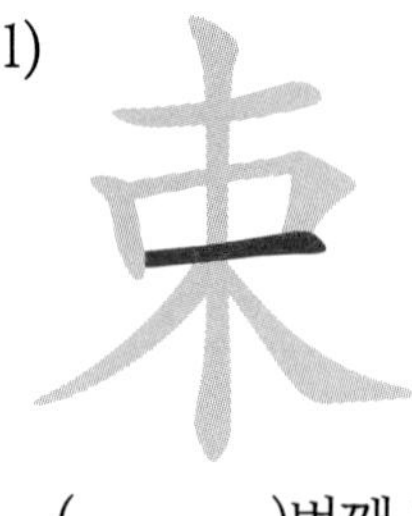

(　　　)번째 획

(2)

(　　　)번째 획

**5 다음 漢字語와 音(음)이 같으면서 뜻풀이에 맞는 漢字語를 漢字로 쓰세요.** 각 5점씩

(1) 牛川 → (　　　　) : 비가 오는 날씨

(2) 古史 → (　　　　) : 학교에서 보는 시험

실력체크 ☑ 上(70~100점) ■
中(30~69점) ■
下(0~29점) ■

**6 다음 漢字(한자) 중 訓(훈)과 音(음)이 바른 것을 모두 찾아 번호를 쓰세요.** 9점

① 汽 : 기운 기　② 災 : 화재 화　③ 見 : 볼 견
④ 念 : 생각 념　⑤ 建 : 움직일 운

**7 다음 보기 에서 괄호 안에 들어갈 漢字(한자)를 찾아 번호를 쓰세요.** 각 4점씩

보기
❶ 典　❷ 知　❸ 法　❹ 右
❺ 初　❻ 上　❼ 問　❽ 的

(1) 百科事(　　)　(2) 國語文(　　)
(3) 聞一(　　)十　(4) (　　)等教育

**8 다음 글의 밑줄 친 단어를 漢字(한자)로 쓰세요.** 각 5점씩

(1) 성별(　　)에 상관없이 입을 수 있는 옷입니다.
(2) 품종을 개량(　　)했습니다.
(3) 컴퓨터게임을 하지 않기로 결심(　　)했습니다.

**9 다음 문장의 漢字(한자)와 訓(훈)이 비슷한 漢字를 넣어 漢字語(한자어)를 완성하세요.** 각 4점씩

(1) 일을 完(　　)히 마무리하세요.
(2) 이 책은 원래 兒(　　)에게 읽히기 위한 것입니다.
(3) 지진으로 (　　)屋들이 무너졌습니다.

**10 다음 漢字(한자)의 略字(약자 : 획수를 줄인 한자)를 쓰세요.** 각 5점씩

(1) 學 → (　　)
(2) 卒 → (　　)

★ 정답은 182쪽에 있어요.

궁금타파 **한자상식**

## 나이를 나타내는 漢字語를 알아봅시다!

**15세** – 지학(志學)
**16세** – 과년(瓜年) : 여자만 이름
**20세** – 약관(弱冠) : 남자만 이름
**30세** – 이립(而立)
**40세** – 불혹(不惑)
**48세** – 상년(桑年)
**50세** – 지명(知命)
**60세** – 이순(耳順), 육순(六旬)
**61세** – 회갑(回甲), 환갑(還甲), 화갑(華甲)
**62세** – 진갑(進甲)
**70세** – 고희(古稀), 칠순(七旬)
**71세** – 망팔(望八)
**77세** – 희수(喜壽)
**80세** – 산수(傘壽), 팔순(八旬)
**81세** – 반수(半壽), 망구(望九)
**88세** – 미수(米壽)
**90세** – 졸수(卒壽)
**91세** – 망백(望百)
**99세** – 백수(白壽)
**100세** – 상수(上壽)

한데뭉친 **반의자 · 유의자 결합어**

• 서로 반대의 뜻을 가진 한자가 합쳐졌어요!

| | | |
|---|---|---|
| 山河 | 산하 | 8급–019, 5급–069 |
| 知行 | 지행 | 5급–072, 6급–035 |
| 主客 | 주객 | 7급–029, 5급–076 |

• 서로 뜻이 비슷한 한자가 합쳐졌어요!

| | | |
|---|---|---|
| 始初 | 시초 | 6급–012, 5급–041 |
| 告白 | 고백 | 5급–042, 8급–044 |
| 告示 | 고시 | 5급–042, 5급–026 |
| 完全 | 완전 | 5급–043, 7급–097 |
| 技術 | 기술 | 5급–046, 6급–089 |
| 兒童 | 아동 | 5급–056, 6급–022 |
| 典例 | 전례 | 5급–058, 6급–134 |
| 兵卒 | 병졸 | 5급–039, 5급–060 |
| 強固 | 강고 | 6급–017, 5급–062 |
| 奉仕 | 봉사 | 5급–063, 5급–012 |
| 心性 | 심성 | 7급–005, 5급–066 |
| 法度 | 법도 | 5급–068, 6급–046 |
| 法式 | 법식 | 5급–068, 6급–143 |
| 法典 | 법전 | 5급–068, 5급–058 |
| 法例 | 법례 | 5급–068, 6급–134 |
| 江河 | 강하 | 7급–033, 5급–069 |
| 河川 | 하천 | 5급–069, 7급–004 |
| 戰爭 | 전쟁 | 6급–037, 5급–070 |
| 法則 | 법칙 | 5급–068, 5급–074 |
| 物品 | 물품 | 7급–047, 5급–075 |
| 家屋 | 가옥 | 7급–067, 5급–077 |
| 建立 | 건립 | 5급–078, 7급–094 |
| 思考 | 사고 | 5급–079, 5급–035 |
| 思念 | 사념 | 5급–079, 5급–065 |
| 意思 | 의사 | 6급–023, 5급–079 |

스토리텔링 **故**고 **事**사 **成**성 **語**어 **2**

8급-001 7급-054 7급-003 8급-016

# 一 字 千 金

한 **일** 글자 **자** 일천 **천** 쇠 **금**

**뜻** 한 글자엔 천금의 가치가 있다는 뜻으로, 아주 빼어나게 훌륭한 글자나 문장을 비유하여 이르는 말입니다.

**해설** 춘추전국 시대에 이른바 사군(四君)이라 하여, 제(齊)나라 맹상군(孟嘗君), 조(趙)나라 평원군(平原君), 초(楚)나라 춘신군(春申君), 위(魏)나라 신릉군(信陵君)이 경쟁이나 하듯 천하의 인재들을 자기 제자로 끌어들이고 있었습니다. 그 당시에는 *제자백가의 저서가 널리 세상에 전파되던 시기였습니다.
한편 이들에게 질세라 인재를 모아들인 사람이 있었으니, 최강국인 진(秦)나라의 상국(相國 : 재상)이 되어, 어린(13세) 왕인 정(政 : 훗날의 진시황제)으로부터 *중부(仲父)라 불리며 위세를 떨친 문신후(文信侯) 여불위(呂不韋, 政의 친아버지라는 설도 있음)가 바로 그 사람입니다. 그는 막대한 돈을 들여 3,000여 명의 인재를 끌어들였습니다.

이 무렵 각국에서는 많은 책을 펴내고 있었는데, 특히 순자(荀子)가 방대한 저서를 냈다는 소식을 듣자 여불위는 선비들을 불러 모아 그들이 알고 듣고 본 것들을 기록하게 하여 정리한 결과 팔람(八覽), 육론(六論), 십이기(十二紀) 등 책으로 편집한 대작(大作)을 만들었습니다. 이 책은 천지만물(天地萬物), 고금(古今)의 일이 모두 적혀 있는 오늘날의 백과사전과 같은 것입니다.
여불위는 이 책을 자기의 성을 따서 〈여씨춘추(呂氏春秋)〉라 이름을 지었습니다. 그리고 이 〈여씨춘추〉를 진나라 도읍인 함양(咸陽)의 성문 앞에 진열해 두고 그 위에 천금(千金)을 매달아 *방문(榜文)을 써 붙였습니다.

"이 책에서 한 글자라도 덧붙이거나 뺄 수 있는 사람이 있다면 천금을 주리라[有能增損一字者豫千金(유능증손일자자예천금)]."
이는 사실 유능한 인재를 끌어들이는 방법이었던 것입니다.

내 한자
제자가 될
사람은 손!

**[주]** ***제지백가(諸子百家)** : 중국 춘추전국시대의 여러 학자 또는 학파를 통틀어 이르는 말.
***중부(仲父)** : 아버지의 맏형인 백부(伯父) 이외의 아버지의 형을 이르는 말.
***방문(榜文)** : 어떤 일을 널리 알리기 위하여 사람들이 다니는 길거리나 많이 모이는 곳에 써 붙이는 글.

**[출전]** 사기〈史記〉의 여불위전〈呂不韋傳〉

**뜻** 책을 숙독(熟讀)하는 방법인 눈으로 보고(眼到), 입으로 읽고(口到), 마음으로 이해하는(心到) 세 가지 방법을 말합니다.

**해설** 중국 송(宋)나라 때 주희(朱熹)가 주창한 독서의 세 가지 방법으로, 입으로 다른 말을 하지 않고, 눈으로 딴 것을 보지 않고, 마음을 하나로 가다듬어 반복하여 읽으면 그 내용을 완전히 이해할 수 있다는 뜻입니다.

**뜻** 처음부터 품고 있던 어떤 생각이 마음속에 차지하고 있어 새 의견을 받아들이지 않고 거부하는 것을 말합니다.

**해설** 한(漢)나라 애제(哀帝) 때에 식부궁(息夫躬)이라는 변설지사(辯舌之士 : 입담 좋게 말을 아주 잘하는 사람)가 있었습니다. 어느 날, 그는 애제를 만나자 흉노가 침공해 올 것이므로 곧 대군을 변방에 배치해야 한다고 주장했습니다. 황제는 청산유수 같은 그의 말에 혹하여 정말 그렇게 생각하고 승상 왕가(王嘉)를 불러 상의하였습니다. 왕가는 그것이 근거 없는 말이라 하며 '옛날 진(秦)의 목공(穆公)은 중신인 백리해(百里奚)와 건숙(蹇叔)의 말을 듣지 않고 욕심에 눈이 어두워져 정(鄭)을 치려고 하다가 도리어 효(殽)에서 진군(晉軍)에게 패했고 그후 뉘우친 목공은 간사한 무리를 멀리하여 좋은 군주가 될 수 있었다'는 예를 인용했습니다.

"부디 폐하께서는 옛날의 교훈에 주목하셔서 경험이 많은 노인의 말을 거듭 생각하시기 바랍니다[唯陛下觀覽古戒 反覆參老(유폐하관람고계 반복참로)]. 먼저 들으신 말만이 절대로 옳다고 생각을 고정시키는 일이 없도록 하시옵소서[無以*先入之語爲主(무이선입지어위주)]." 그러나 애제는 왕가의 충고를 받아들이지 않았습니다. 얼마 뒤에 식부궁의 말이 거짓이라는 것을 알게 되었고, 이리하여 식부궁은 스스로 죽음을 재촉하는 꼴이 되었습니다.

**[주]** ***先入之語爲主**는 선입주(**先入主**)로 줄여서 쓰이다가 후에 **先入見(선입견)**으로 많이 쓰이게 되었음.

**[출전]** 한서〈漢書〉

# 3 한자격파 5급 081-120

5급 한자 081~120 洗 씻을 **세** 炭 숯 **탄** 相 서로 **상** 約 약속할, 대략 **약** 要 요긴할, 구할 **요** 首 머리 **수** 倍 곱 **배** 原 근본, 벌판 **원** 害 해할 **해** 展 펼 **전** 島 섬 **도** 效 본받을 **효** 料 헤아릴, 거리 **료(요)** 旅 나그네 **려(여)** 格 격식, 바로잡을 **격** 案 책상, 생각할 **안** 流 흐를 **류(유)** 浴 목욕할 **욕** 祝 빌 **축** 能 능할 **능** 致 이를 **치** 財 재물 **재** 院 집, 관청 **원** 馬 말 **마** 健 굳셀 **건** 偉 클 **위** 停 머무를 **정** 參 참여할 **참** | 석 **삼** 商 장사 **상** 唱 부를 **창** 基 터 **기** 宿 잘 **숙** 情 뜻, 정 **정** 患 근심, 병 **환** 救 구원할 **구** 敗 패할 **패** 朗 밝을 **랑(낭)** 望 바랄 **망** 産 낳을 **산** 終 마칠 **종**

5급 081

洗 씻을 세

공부한 날 ( )월 ( )일 확인 ( )

글자 풀이 | 물(氵)로 발(先 : 跣의 생략형)을 깨끗이 '씻는다'는 뜻이에요.

※ 부수 | 水 (물수), 氵 (삼수변) ※ 총획 | 9

※ 획순 | 洗

쓰기격파 한자를 획순에 따라 써 보세요.

| 洗 | 洗 | | | | | | |
|---|---|---|---|---|---|---|---|

단어격파 활용단어의 뜻을 이해하고 따라 써 보세요.

| 洗面 | 세면 : 얼굴(面)을 씻음(洗) | 洗面 | | |
|---|---|---|---|---|
| 洗車場 | 세차장 : 시설을 갖추고 차를 닦는 것(洗車)을 사업으로 하는 곳(場) | 洗車場 | | |

5급 082

炭 숯 탄

공부한 날 ( )월 ( )일 확인 ( )

글자 풀이 | 산(山) 기슭(厂)에서 장작을 태워(火) 만든 '숯'을 의미해요.

※ 부수 | 火 (불화) ※ 총획 | 9

※ 획순 | 炭

쓰기격파 한자를 획순에 따라 써 보세요.

| 炭 | 炭 | | | | | | |
|---|---|---|---|---|---|---|---|

단어격파 활용단어의 뜻을 이해하고 따라 써 보세요.

| 石炭 | 석탄 : 땅속에 묻힌 식물이 오랜 세월에 걸친 지압(地壓)이나 지열(地熱)의 영향으로 변질(炭)해서 생긴 가연성의 퇴적암(石) | 石炭 | | |
|---|---|---|---|---|
| 炭水化物 | 탄수화물 : 탄소(炭素)와 물(水) 분자로 이루어진 화합물(化合物) | 炭水化物 | | |

서로 상

공부한 날 ( )월 ( )일 확인 ( )

**5급 083**

글자 풀이 | 나무(木)를 잘 살피다(目)의 뜻이었으나 후에 '서로'의 뜻으로 활용되었어요.

**부수** | 目 (눈목) **총획** | 9

**획순** | 相

**쓰기격파** 한자를 획순에 따라 써 보세요.

| 相 | 相 | | | | | | |
|---|---|---|---|---|---|---|---|

**단어격파** 활용단어의 뜻을 이해하고 따라 써 보세요.

| | | | | |
|---|---|---|---|---|
| 相對 | 상대 : ① 속뜻 서로(相) 마주 대(對)함, 또는 그 대상 ② 어떤 관계로 자기가 마주 대하는 사람 | 相對 | | |
| 相見禮 | 상견례 : ① 속뜻 공식적으로 서로(相) 만나 보는(見) 예(禮) ② 마주 서서 하는 절 | 相見禮 | | |

약속할, 대략 약

공부한 날 ( )월 ( )일 확인 ( )

**5급 084**

글자 풀이 | 실(糸)로 작은(勺) 매듭을 짓는다는 뜻에서 '약속'을 의미하지요.

**부수** | 糸 (실사) **총획** | 9

**획순** | 約

**쓰기격파** 한자를 획순에 따라 써 보세요.

| 約 | 約 | | | | | | |
|---|---|---|---|---|---|---|---|

**단어격파** 활용단어의 뜻을 이해하고 따라 써 보세요.

| | | | | |
|---|---|---|---|---|
| 約束 | 약속 : 다른 사람과 앞으로의 일을 어떻게 할 것인가를 미리 정하여 둠(約=束) | 約束 | | |
| 公約數 | 공약수 : 두 개 이상의 여러(公) 정수에 들어 있는 약수(約數) | 公約數 | | |

5급
085

# 要

요긴할, 구할 요

공부한 날 ( )월 ( )일 확인 ( )

글자 풀이 | 여자(女)가 손을 허리에 대고 서 있는 모양을 본뜬 글자로, '허리'에서 '요구하다'의 뜻으로 변했어요.

※ 부수 | 襾 (덮을아) ※ 총획 | 9

※ 획순 | 要 要 要 要 要 要 要 要 要

**쓰기격파** 한자를 획순에 따라 써 보세요.

| 要 | 要 | | | | | | |
|---|---|---|---|---|---|---|---|

**단어격파** 활용단어의 뜻을 이해하고 따라 써 보세요.

|  |  |  | | |
|---|---|---|---|---|
| 必要 | 필요 : 반드시(必) 요구(要求)되는 바가 있음 | 必要 | | |
| 重要 | 중요 : 귀중(貴重)하고 요긴(要緊)함 | 重要 | | |

5급
086

# 首

머리 수

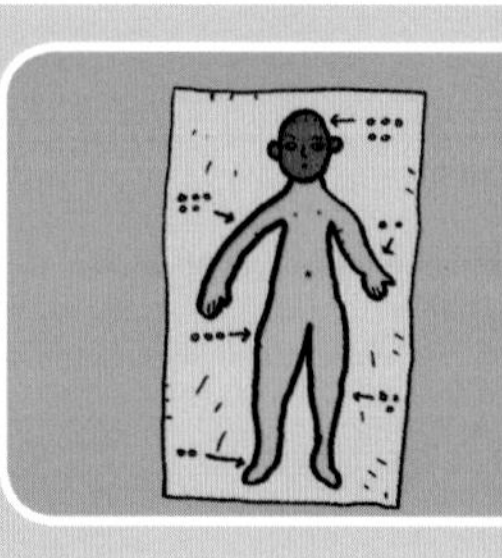

공부한 날 ( )월 ( )일 확인 ( )

글자 풀이 | 사람의 머리 모양을 본뜬 글자예요.

※ 부수 | 首 (제부수) ※ 총획 | 9

※ 획순 | 首 首 首 首 首 首 首 首 首

**쓰기격파** 한자를 획순에 따라 써 보세요.

| 首 | 首 | | | | | | |
|---|---|---|---|---|---|---|---|

**단어격파** 활용단어의 뜻을 이해하고 따라 써 보세요.

|  |  |  | | |
|---|---|---|---|---|
| 首席 | 수석 : ① 속뜻 맨 윗(首) 자리(席) ② 등급이나 직위 따위에서 맨 윗자리 | 首席 | | |
| 首弟子 | 수제자 : 여러 제자 중에서 학문이나 기술 따위의 배움이 가장 뛰어난(首) 제자(弟子) | 首弟子 | | |

곱 배

공부한 날 ( )월 ( )일 확인 ( )

**5급 087**

**글자 풀이** | 사람(亻)과 사람이 서로 등지(咅 : 침 부)는 일에서 '곱으로 늘어난다'는 뜻으로 변했어요.

**부수** | 人 (사람인), 亻(사람인변) **총획** | 10

**획순** | 倍 倍 倍 倍 倍 倍 倍 倍 倍 倍

**쓰기격파** 한자를 획순에 따라 써 보세요.

| 倍 | 倍 | | | | | | |
|---|---|---|---|---|---|---|---|

**단어격파** 활용단어의 뜻을 이해하고 따라 써 보세요.

| 倍加 | 배가 : 갑절(倍) 또는 몇 배로 늘어남(加), 또는 그렇게 늘림 | 倍加 | | |
|---|---|---|---|---|
| 公倍數 | 공배수 : 두 개 이상의 여러(公) 정수들의 배수(倍數) | 公倍數 | | |

근본, 벌판 원

공부한 날 ( )월 ( )일 확인 ( )

**5급 088**

**글자 풀이** | 언덕(厂)에서 물이 솟아나(泉) 내를 이루는 것에서 '근본'을 뜻해요.

**부수** | 厂 (민엄호) **총획** | 10

**획순** | 原 原 原 原 原 原 原 原 原 原

**쓰기격파** 한자를 획순에 따라 써 보세요.

| 原 | 原 | | | | | | |
|---|---|---|---|---|---|---|---|

**단어격파** 활용단어의 뜻을 이해하고 따라 써 보세요.

| 原理 | 원리 : 사물의 근본(原)이 되는 이치(理致)나 법칙 | 原理 | | |
|---|---|---|---|---|
| 草原 | 초원 : 온통 풀(草)로 뒤덮여 있는 벌판(原) | 草原 | | |

5급 089

# 害

해할 해

공부한 날 ( )월 ( )일 확인 ( )

**글자 풀이** | 집안(宀)을 어지럽히(丰)는 입(口)은 결국 자신을 망친다는 뜻에서 '해하다'라는 의미예요.

**부수** | 宀 (갓머리) **총획** | 10

**획순** | 害 害 害 害 害 害 害 害 害 害

**쓰기격파** 한자를 획순에 따라 써 보세요.

| 害 | 害 | | | | | | |
|---|---|---|---|---|---|---|---|

**단어격파** 활용단어의 뜻을 이해하고 따라 써 보세요.

| | | | | |
|---|---|---|---|---|
| 利害 | 이해 : 이익(利益)과 손해(損害) | 利害 | | |
| 利害 | 재해 : 재앙(災殃)으로 말미암은 피해(被害) | 災害 | | |

5급 090

# 展

펼 전

공부한 날 ( )월 ( )일 확인 ( )

**글자 풀이** | 화려한 옷(衣)을 입고 몸을 펴서 자랑한다는 데서 '펼치다' 라는 의미랍니다.

**부수** | 尸 (주검시엄) **총획** | 10

**획순** | 展 展 展 展 展 展 展 展 展 展

**쓰기격파** 한자를 획순에 따라 써 보세요.

| 展 | 展 | | | | | | |
|---|---|---|---|---|---|---|---|

**단어격파** 활용단어의 뜻을 이해하고 따라 써 보세요.

| | | | | |
|---|---|---|---|---|
| 發展 | 발전 : ① 속뜻 세력 따위가 일어나(發) 그 기세를 펼침(展) ② 어떤 상태가 보다 좋은 상태로 되어 감 | 發展 | | |
| 展示會 | 전시회 : 어떤 물품을 벌여(展) 놓고 일반인에게 보여(示) 주는 모임(會) | 展示會 | | |

섬 도

공부한 날 ( )월 ( )일 확인 ( )

**글자 풀이** | 새들(鳥)만 사는 물속의 산(山)인 '섬'을 의미해요.

✽**부수** | 山 (뫼산)　✽**총획** | 10

✽**획순** | 島 島 島 島 島 島 島 島 島 島

5급 091

**쓰기격파** 한자를 획순에 따라 써 보세요.

| 島 | 島 | | | | | | |
|---|---|---|---|---|---|---|---|

**단어격파** 활용단어의 뜻을 이해하고 따라 써 보세요.

| | | | | |
|---|---|---|---|---|
| 半島 | 반도 : 반은 대륙에 붙어 있고, 반(半)은 바다 쪽으로 길게 나와 섬(島)처럼 보이는 육지 | 半島 | | |
| 三多島 | 삼다도 : ① 속뜻 세(三) 가지가 많은(多) 섬(島) ② 바람, 돌, 여자가 많은 섬이라는 의미로 '제주도'를 달리 이르는 말 | 三多島 | | |

效

본받을 효

공부한 날 ( )월 ( )일 확인 ( )

**글자 풀이** | 착한 사람을 사귀어(交) 그 행실을 본받으라고 회초리질하다(攵)는 뜻에서 '본받다'는 의미예요.

✽**부수** | 攴, 攵 (등글월문)　✽**총획** | 10

✽**획순** | 效 效 效 效 效 效 效 效 效 效

5급 092

**쓰기격파** 한자를 획순에 따라 써 보세요.

| 效 | 效 | | | | | | |
|---|---|---|---|---|---|---|---|

**단어격파** 활용단어의 뜻을 이해하고 따라 써 보세요.

| | | | | |
|---|---|---|---|---|
| 效果 | 효과 : 보람(效)이 있는 결과(結果) | 效果 | | |
| 特效 | 특효 : 특별(特別)한 효험(效驗) | 特效 | | |

5급 093

料

헤아릴, 거리 료(요)

공부한 날 ( )월 ( )일 확인 ( )

글자 풀이 | 쌀(米)을 마속(斗)에 넣어 잰다 하여 '헤아리다'라는 의미랍니다.

부수 | 斗 (말두)  총획 | 10

획순 | 丶 丷 丷 半 米 米 米 米 料 料

**쓰기격파** 한자를 획순에 따라 써 보세요.

| 料 | 料 | | | | | | |
|---|---|---|---|---|---|---|---|

**단어격파** 활용단어의 뜻을 이해하고 따라 써 보세요.

| | | | | |
|---|---|---|---|---|
| 材料 | 재료 : ① 속뜻 물건(物件)을 만드는 감(材=料) ② 어떤 일을 하거나 이루는 거리 | 材料 | | |
| 通話料 | 통화료 : 전화기를 사용하여 통화(通話)한 삯으로 내는 요금(料金) | 通話料 | | |

5급 094

旅

나그네 려(여)

공부한 날 ( )월 ( )일 확인 ( )

글자 풀이 | 깃발(㫃) 아래에 사람들(氏)이 모여 여기저기 다닌다 하여 '나그네'라는 뜻이지요.

부수 | 方 (모방)  총획 | 10

획순 | 丶 亠 方 方 方 方 方 旅 旅 旅

**쓰기격파** 한자를 획순에 따라 써 보세요.

| 旅 | 旅 | | | | | | |
|---|---|---|---|---|---|---|---|

**단어격파** 활용단어의 뜻을 이해하고 따라 써 보세요.

| | | | | |
|---|---|---|---|---|
| 旅行 | 여행 : ① 속뜻 나그네(旅)로 길을 떠나 다님(行) ② 일이나 유람을 목적으로 다른 고장이나 외국에 가는 일 | 旅行 | | |
| 旅客 | 여객 : 여행(旅行)을 하고 있는 사람(客) | 旅客 | | |

격식, 바로잡을 격

공부한 날 ( )월 ( )일 확인 ( )

**글자 풀이** | 뻗은 나뭇가지(木)가 각각(各) 나름의 '격식'을 가진다는 뜻이에요.

✽ **부수** | 木 (나무목) ✽ **총획** | 10

✽ **획순** | 格 格 格 格 格 格 格 格 格 格

5급 095

**쓰기격파** 한자를 획순에 따라 써 보세요.

| 格 | 格 | | | | | | |
|---|---|---|---|---|---|---|---|

**단어격파** 활용단어의 뜻을 이해하고 따라 써 보세요.

| 性格 | 성격 • 각 개인이 가지고 있는 특유한 성질(性質)과 인격(人格) | 性格 | | |
|---|---|---|---|---|
| 格言 | 격언 • 사리에 꼭 맞아(格) 인생에 대한 교훈이나 경계가 되는 짧은 말(言) | 格言 | | |

책상, 생각할 안

공부한 날 ( )월 ( )일 확인 ( )

**글자 풀이** | 글을 쓰고 읽는 데 편안히(安) 앉을 수 있는 나무(木)를 가리켜 '책상'을 뜻해요.

✽ **부수** | 木 (나무목) ✽ **총획** | 10

✽ **획순** | 案 案 案 案 案 案 案 案 案 案

5급 096

**쓰기격파** 한자를 획순에 따라 써 보세요.

| 案 | 案 | | | | | | |
|---|---|---|---|---|---|---|---|

**단어격파** 활용단어의 뜻을 이해하고 따라 써 보세요.

| 答案 | 답안 • ① 속뜻 회답(回答)해야 할 안건(案件) ② 문제에 대한 해답(解答) | 答案 | | |
|---|---|---|---|---|
| 案內 | 안내 • ① 속뜻 안(內)으로 인도함(案) ② 어떤 내용을 소개하여 알려 줌. 또는 그런 일 | 案內 | | |

5급 097

流

호흘 류(유)

공부한 날 ( ) 월 ( ) 일 확인 ( )

**글자 풀이** | 아이가 머리를 하천(川) 밑으로 향하여 물(氵)에 떠내려가는 것(𠫓)에서 '흘러가다'라는 뜻이에요.

**부수** | 水 (물수), 氵(삼수변) **총획** | 10

**획순** | 流 流 流 流 流 流 流 流 流 流

**쓰기격파** 한자를 획순에 따라 써 보세요.

| 流 | 流 | | | | | | |
|---|---|---|---|---|---|---|---|

**단어격파** 활용단어의 뜻을 이해하고 따라 써 보세요.

| | | | | |
|---|---|---|---|---|
| 流入 | 유입 : 흘러(流) 들어옴(入) | 流入 | | |
| 上流社會 | 상류사회 : 신분이나 생활 수준 따위가 높은 사람들의(上流) 사회(社會) | 上流社會 | | |

5급 098

浴

목욕할 욕

공부한 날 ( ) 월 ( ) 일 확인 ( )

**글자 풀이** | 골짜기(谷) 물(氵)에서 씻는다 하여 '목욕'을 의미하지요.

**부수** | 水 (물수), 氵(삼수변) **총획** | 10

**획순** | 浴 浴 浴 浴 浴 浴 浴 浴 浴 浴

**쓰기격파** 한자를 획순에 따라 써 보세요.

| 浴 | 浴 | | | | | | |
|---|---|---|---|---|---|---|---|

**단어격파** 활용단어의 뜻을 이해하고 따라 써 보세요.

| | | | | |
|---|---|---|---|---|
| 浴室 | 욕실 : 목욕(沐浴)하기 위해 시설을 갖춰 놓은 방(室). '목욕실'의 준말 | 浴室 | | |
| 海水浴 | 해수욕 : 바닷물(海水) 속에서 몸을 담그고(浴) 헤엄치거나 노는 일 | 海水浴 | | |

빌 축

공부한 날 월 일 확인

5급 099

글자 풀이 | 제단(示) 앞에서 축문을 낭독하는 사람(兄)의 모습에서 '빌다'라는 뜻이랍니다.

부수 | 示 (보일시), 礻 (보일시변) 총획 | 10

획순 | 祝

쓰기격파 한자를 획순에 따라 써 보세요.

| 祝 | 祝 | | | | | | |
|---|---|---|---|---|---|---|---|

단어격파 활용단어의 뜻을 이해하고 따라 써 보세요.

| 祝歌 | 축가 : 축하(祝賀)의 뜻을 담은 노래(歌) | 祝歌 | | |
|---|---|---|---|---|
| 自祝 | 자축 : 스스로(自) 축하(祝賀)함 | 自祝 | | |

능할 능

공부한 날 월 일 확인

5급 100

글자 풀이 | 곰(熊)을 본뜬 글자로, 현재는 '재주, 능력'를 뜻해요.

부수 | 肉 (고기육), ⺼ (육달월) 총획 | 10

획순 | 能

쓰기격파 한자를 획순에 따라 써 보세요.

| 能 | 能 | | | | | | |
|---|---|---|---|---|---|---|---|

단어격파 활용단어의 뜻을 이해하고 따라 써 보세요.

| 能力 | 능력 : 어떤 일을 해낼 수 있는(能) 힘(力) | 能力 | | |
|---|---|---|---|---|
| 不可能 | 불가능 : 할 수(可能) 없음(不). 될 수 없음 | 不可能 | | |

5급
101

# 致

이를 치

와, 높은 곳에 이르니, 구름이 손에 잡힐 거 같아!



공부한 날 ( )월 ( )일 확인 ( )

글자 풀이 | 천천히 걸어서(夊) 목적지까지 도달(至)하는 것에서 '이르다'는 의미지요.

부수 | 至 (이를지) 총획 | 10

획순 | 一 ㄷ ㅈ 즈 至 至 至' 至ケ 致 致

**쓰기격파** 한자를 획순에 따라 써 보세요.

| 致 | 致 | | | | | | |
|---|---|---|---|---|---|---|---|

**단어격파** 활용단어의 뜻을 이해하고 따라 써 보세요.

| 한자 | 뜻 | 따라 쓰기 | | |
|---|---|---|---|---|
| 才致 | 재치 : 눈치 빠르고 재빠르게 응하는(致) 재주(才) | 才致 | | |
| 言行一致 | 언행일치 : 말(言)과 행동(行動)이 하나로(一) 들어맞음(致). 또는 말한 대로 실행함 | 言行一致 | | |

5급
102

# 財

재물 재

공부한 날 ( )월 ( )일 확인 ( )

글자 풀이 | 살아가는 데 바탕(才)이 되는 재물(貝)이라는 뜻에서 '재산, 재물'을 의미해요.

부수 | 貝 (조개패) 총획 | 10

획순 | 丨 冂 月 目 目 貝 貝 貝一 貝† 財

**쓰기격파** 한자를 획순에 따라 써 보세요.

| 財 | 財 | | | | | | |
|---|---|---|---|---|---|---|---|

**단어격파** 활용단어의 뜻을 이해하고 따라 써 보세요.

| 한자 | 뜻 | 따라 쓰기 | | |
|---|---|---|---|---|
| 財物 | 재물 : 재산(財産)이 될 만한 물건(物件) | 財物 | | |
| 文化財 | 문화재 : 유형·무형의 문화(文化)적인 소산으로 역사적으로나 예술적으로 가치가 높은 것들의 총칭(財) | 文化財 | | |

# 院

집, 관청 원

공부한 날 ( )월 ( )일 확인 ( )

**글자 풀이** | 옛날에는 집을 둘러싸고 있는 담장 안 '뜰'을 나타냈으나, 현재는 '큰 집, 관청'을 뜻해요.

**부수** | 阜(언덕부), 阝(좌부변)　**총획** | 10

**획순** | 7 3 阝 阝' 阝' 阝' 阝宀 阝宀 阝㝎 院

5급 103

**쓰기격파** 한자를 획순에 따라 써 보세요.

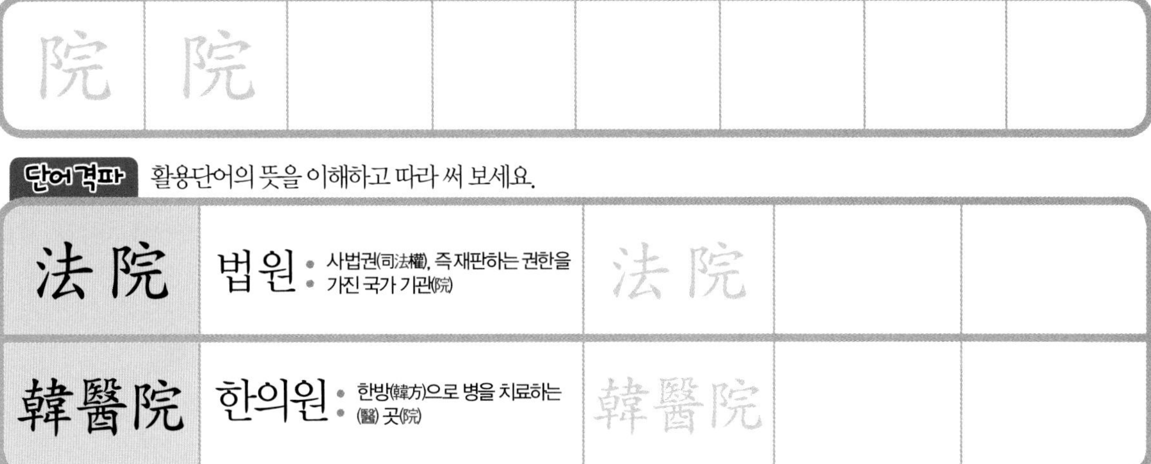

| 院 | 院 | | | | | | |
|---|---|---|---|---|---|---|---|

**단어격파** 활용단어의 뜻을 이해하고 따라 써 보세요.

| | | | | |
|---|---|---|---|---|
| 法院 | 법원 : 사법권(司法權), 즉 재판하는 권한을 가진 국가 기관(院) | 法院 | | |
| 韓醫院 | 한의원 : 한방(韓方)으로 병을 치료하는(醫) 곳(院) | 韓醫院 | | |

# 馬

말 마

공부한 날 ( )월 ( )일 확인 ( )

**글자 풀이** | 말의 옆모양을 본뜬 글자지요.

**부수** | 馬 (제부수)　**총획** | 10

**획순** | 丨 ㄏ 𠂉 ⺕ 手 馬 馬 馬 馬 馬

5급 104

**쓰기격파** 한자를 획순에 따라 써 보세요.

| 馬 | 馬 | | | | | | |
|---|---|---|---|---|---|---|---|

**단어격파** 활용단어의 뜻을 이해하고 따라 써 보세요.

| | | | | |
|---|---|---|---|---|
| 馬車 | 마차 : 말(馬)이 끄는 수레(車) | 馬車 | | |
| 千軍萬馬 | 천군만마 : 천(千) 명의 군사(軍士)와 만(萬) 마리의 군마(軍馬)라는 뜻으로, 아주 많은 수의 군사와 군마를 이르는 말 | 千軍萬馬 | | |

5급 105

健

군셀 건

공부한 날 ( )월 ( )일 확인 ( )

글자 풀이 | 훌륭한 집을 짓듯(建), 사람의 몸(亻)을 튼튼히 한다 하여 '굳세다'는 의미랍니다.

※ 부수 | 人 (사람인), 亻(사람인변) ※ 총획 | 11

※ 획순 | 亻 亻 亻 亻 亻 亻 亻 亻 亻 健 健

쓰기격파 한자를 획순에 따라 써 보세요.

| 健 | 健 | | | | | | |
|---|---|---|---|---|---|---|---|

단어격파 활용단어의 뜻을 이해하고 따라 써 보세요.

| | | | | |
|---|---|---|---|---|
| 健勝 | 건승 : 건강(健康)이 좋은(勝) 상태. 몸이나 마음이 건전함 | 健勝 | | |
| 不健全 | 불건전 : 건전(健全)하지 아니함(不) | 不健全 | | |

5급 106

偉

클 위

공부한 날 ( )월 ( )일 확인 ( )

글자 풀이 | 보통 사람(亻)과 다른(韋) 사람이라는 것에서 '뛰어나다, 위대하다'는 의미예요.

※ 부수 | 人 (사람인), 亻(사람인변) ※ 총획 | 11

※ 획순 | 丿 亻 亻 亻 亻 亻 亻 亻 亻 偉 偉

쓰기격파 한자를 획순에 따라 써 보세요.

| 偉 | 偉 | | | | | | |
|---|---|---|---|---|---|---|---|

단어격파 활용단어의 뜻을 이해하고 따라 써 보세요.

| | | | | |
|---|---|---|---|---|
| 偉人 | 위인 : 훌륭한(偉) 사람(人) | 偉人 | | |
| 偉大 | 위대 : 훌륭하고(偉) 대단함(大) | 偉大 | | |

머무를 정

공부한 날 ( )월 ( )일 확인 ( )

**글자 풀이** | 사람(亻)이 정자(亭)에서 잠시 머물러 쉰다 하여 '머무르다'는 뜻이지요.

**부수** | 人 (사람인), 亻(사람인변) **총획** | 11

**획순** |

5급 107

**쓰기격파** 한자를 획순에 따라 써 보세요.

**단어격파** 활용단어의 뜻을 이해하고 따라 써 보세요.

| | | |
|---|---|---|
| 停止 | 정지 : 중도에서 멈추거나(停) 그침(止) | 停止 |
| 停車場 | 정거장 : 차가 멈춰(停車) 여객이나 화물을 싣고 내릴 수 있도록 정해진 곳(場) | 停車場 |

참여할 참, 석 삼

공부한 날 ( )월 ( )일 확인 ( )

**글자 풀이** | 사람(人)이 머리(厶) 장식인 비녀(彡)를 꽂고 의식에 함께하는 것에서 '참여하다'는 의미예요.

**부수** | 厶 (마늘모) **총획** | 11

**획순** |

5급 108

**쓰기격파** 한자를 획순에 따라 써 보세요.

**단어격파** 활용단어의 뜻을 이해하고 따라 써 보세요.

| | | |
|---|---|---|
| 參席 | 참석 : 어떤 자리(席)나 모임에 참여(參與)함 | 參席 |
| 參加國 | 참가국 : 국제적 행사, 모임, 기구, 협약 따위에 참석(參席)하거나 가입(加入)한 나라(國) | 參加國 |

5급 109

장사 상

공부한 날 ( )월 ( )일 확인 ( )

글자 풀이 | 밝힐 장(⺣:章)에 빛날 경(冏)을 합쳐 명백하게 밝혀서 헤아린다는 뜻으로 '장사'를 의미해요.

※ 부수 | 口 (입구) ※ 총획 | 11

※ 획순 | 商 商 商 商 商 商 商 商 商 商 商

**쓰기격파** 한자를 획순에 따라 써 보세요.

| 商 | 商 | | | | | | |
|---|---|---|---|---|---|---|---|

**단어격파** 활용단어의 뜻을 이해하고 따라 써 보세요.

| | | | | |
|---|---|---|---|---|
| 商業 | 상업 : 장사(商)를 통하여 이익을 얻는 일(業) | 商業 | | |
| 萬物商 | 만물상 : 일상생활에 필요한 온갖(萬) 물건(物件)을 파는 사람이나 가게(商) | 萬物商 | | |

5급 110

부를 창

공부한 날 ( )월 ( )일 확인 ( )

글자 풀이 | 입(口)을 크게 벌려 노래 부른다(昌) 하여 '부르다'는 의미지요.

※ 부수 | 口 (입구) ※ 총획 | 11

※ 획순 | 唱 唱 唱 唱 唱 唱 唱 唱 唱 唱 唱

**쓰기격파** 한자를 획순에 따라 써 보세요.

| 唱 | 唱 | | | | | | |
|---|---|---|---|---|---|---|---|

**단어격파** 활용단어의 뜻을 이해하고 따라 써 보세요.

| | | | | |
|---|---|---|---|---|
| 合唱 | 합창 : 여러 사람이 소리를 맞춰(合) 노래를 부름(唱) | 合唱 | | |
| 二重唱 | 이중창 : 두 사람이 두 개의 성부(聲部)를 동시에(二重) 또는 교대로 부르는(唱) 일 | 二重唱 | | |

# 基

터 기

공부한 날 ( )월 ( )일 확인 ( )

**글자 풀이** | 점토(土)로 쌓아올린 토대(其)로 '터'를 뜻한답니다.

**부수** | 土 (흙토) **총획** | 11

**획순** | 一 十 廾 廾 甘 甘 其 其 其 基 基

**5급 111**

**쓰기격파** 한자를 획순에 따라 써 보세요.

| 基 | 基 | | | | | | |
|---|---|---|---|---|---|---|---|

**단어격파** 활용단어의 뜻을 이해하고 따라 써 보세요.

|  |  |  | | |
|---|---|---|---|---|
| 基本 | 기본 : ① 속뜻 토대(基)나 뿌리(本) ② 일이나 사물의 가장 중요한 밑바탕이 되는 것 | 基本 | | |
| 基金 | 기금 : 어떤 목적을 위하여 쓰는 기본(基本) 자금(資金) | 基金 | | |

# 宿

잘 숙

공부한 날 ( )월 ( )일 확인 ( )

**글자 풀이** | 집(宀)에서 수많은(百) 사람(亻)이 묵으며 '잔다'는 뜻이에요.

**부수** | 宀 (갓머리) **총획** | 11

**획순** | 宀 宀 宀 宀 宀 宀 宀 宀 宿 宿 宿

**5급 112**

**쓰기격파** 한자를 획순에 따라 써 보세요.

| 宿 | 宿 | | | | | | |
|---|---|---|---|---|---|---|---|

**단어격파** 활용단어의 뜻을 이해하고 따라 써 보세요.

|  |  |  | | |
|---|---|---|---|---|
| 宿食 | 숙식 : 자고(宿) 먹음(食) | 宿食 | | |
| 宿命的 | 숙명적 : 날 때부터(宿) 타고난 운명(運命)에 의한, 또는 그런 것(的) | 宿命的 | | |

5급 113

뜻, 정 정

공부한 날 ( )월 ( )일 확인 ( )

글자 풀이 | 사람의 마음(忄)이 맑고 푸른(靑) 하늘처럼 우러나온다 하여 '진심, 정'을 뜻해요.

✽부수 | 心 (마음심), 忄(심방변) ✽총획 | 11

✽획순 | 情 情 情 情 情 情 情 情 情 情 情

**쓰기격파** 한자를 획순에 따라 써 보세요.

| 情 | 情 | | | | | | |
|---|---|---|---|---|---|---|---|

**단어격파** 활용단어의 뜻을 이해하고 따라 써 보세요.

| | | | | |
|---|---|---|---|---|
| 感情 | 감정 : ① 속뜻 느껴(感) 일어나는 심정(心情) ② 어떠한 대상이나 상태에 따라 일어나는 기쁨·노여움·슬픔·두려움·쾌감·불쾌감 따위의 마음 현상 | 感情 | | |
| 表情 | 표정 : 마음속의 감정(感情) 따위가 겉(表)으로 나타난 상태 | 表情 | | |

5급 114

근심, 병 환

공부한 날 ( )월 ( )일 확인 ( )

글자 풀이 | 꼬챙이(串)가 심장(心)을 쑤시듯 마음이 편하지 않다 하여 '병, 근심'이란 의미예요.

✽부수 | 心 (마음심) ✽총획 | 11

✽획순 | 患 患 患 患 患 患 患 患 患 患 患

**쓰기격파** 한자를 획순에 따라 써 보세요.

| 患 | 患 | | | | | | |
|---|---|---|---|---|---|---|---|

**단어격파** 활용단어의 뜻을 이해하고 따라 써 보세요.

| | | | | |
|---|---|---|---|---|
| 患者 | 환자 : 병(患)을 앓는 사람(者) | 患者 | | |
| 病患 | 병환 : 병(病=患)의 높임말 | 病患 | | |

구원할 구

공부한 날 월 일 확인

**글자 풀이** | 적을 치려고(攵) 하다가 항복한 적은 살려 주는(求) 것에서 '구원하다'는 의미지요.

※**부수** | 攴, 攵 (등글월문)　※**총획** | 11

※**획순** | 救 救

**5급 115**

**쓰기격파** 한자를 획순에 따라 써 보세요.

| 救 | 救 | | | | | | |
|---|---|---|---|---|---|---|---|

**단어격파** 활용단어의 뜻을 이해하고 따라 써 보세요.

| 救命 | 구명 : 사람의 목숨(命)을 구(救)함 | 救命 | | |
|---|---|---|---|---|
| 救急藥 | 구급약 : 응급(應急) 치료로 사람을 구(救)하는 데 필요한 의약품(藥) | 救急藥 | | |

패할 패

공부한 날 월 일 확인

**글자 풀이** | 조개(貝)를 치면(攵) 부서져 '깨뜨리다, 패하다'는 의미예요.

※**부수** | 攴, 攵 (등글월문)　※**총획** | 11

※**획순** | 敗 敗

**5급 116**

**쓰기격파** 한자를 획순에 따라 써 보세요.

| 敗 | 敗 | | | | | | |
|---|---|---|---|---|---|---|---|

**단어격파** 활용단어의 뜻을 이해하고 따라 써 보세요.

| 成敗 | 성패 : 성공(成功)과 실패(失敗) | 成敗 | | |
|---|---|---|---|---|
| 敗北 | 패배 : ① 속뜻 전쟁에 져서(敗) 달아남(北) ② 싸움에서 짐 | 敗北 | | |

5급 117

밝을 랑(낭)

공부한 날 월 일 확인

글자 풀이 | 달(月)빛이 아름답고 밝게 빛나는 것에서 '명랑하다'는 의미지요.

부수 | 月 (달월) 총획 | 11

획순 | 朗 朗

**쓰기격파** 한자를 획순에 따라 써 보세요.

| 朗 | 朗 | | | | | | |
|---|---|---|---|---|---|---|---|

**단어격파** 활용단어의 뜻을 이해하고 따라 써 보세요.

| 明朗 | 명랑 : 밝고(明) 활달함(朗) | 明朗 | | |
|---|---|---|---|---|
| 朗讀 | 낭독 : 또랑또랑하게(朗) 소리 내어 읽음(讀) | 朗讀 | | |

5급 118

望

바랄 망

공부한 날 월 일 확인

글자 풀이 | 사람이 우뚝 서서(𡈼) 눈을 크게 뜨고(亡=臣) 달(月)을 바라보는 것에서 '멀리 바라본다, 바라다'라는 의미예요.

부수 | 月 (달월) 총획 | 11

획순 | 望 望

**쓰기격파** 한자를 획순에 따라 써 보세요.

| 望 | 望 | | | | | | |
|---|---|---|---|---|---|---|---|

**단어격파** 활용단어의 뜻을 이해하고 따라 써 보세요.

| 所望 | 소망 : 바라는(望) 어떤 것(所) | 所望 | | |
|---|---|---|---|---|
| 可望性 | 가망성 : 될성 부른(可) 희망(希望)이 있는 성질(性質)이나 정도 | 可望性 | | |

낳을 산

공부한 날 ( )월 ( )일 확인 ( )

**글자 풀이** | 엄마(母)의 몸을 열어(产 : 선비 언) 아이가 난다(生)하여 '낳는다'는 의미랍니다.

**부수** | 生 (날생) **총획** | 11

**획순** | 産 産

5급 119

**쓰기격파** 한자를 획순에 따라 써 보세요.

| 産 | 産 | | | | | | |
|---|---|---|---|---|---|---|---|

**단어격파** 활용단어의 뜻을 이해하고 따라 써 보세요.

| 生 産 | 생산 : 인간이 생활(生活)하는 데 필요한 각종 물건을 만들어 냄(産) | 生 産 | | |
|---|---|---|---|---|
| 特産品 | 특산품 : 어떤 지역에서 특별(特別)히 생산(生産)되는 물품(物品) | 特産品 | | |

마칠 종

공부한 날 ( )월 ( )일 확인 ( )

**글자 풀이** | 실(糸)의 끝을 묶어 마무리(冬)하는 것에서 '마치다'는 의미지요.

**부수** | 糸 (실사) **총획** | 11

**획순** | 終 終

5급 120

**쓰기격파** 한자를 획순에 따라 써 보세요.

| 終 | 終 | | | | | | |
|---|---|---|---|---|---|---|---|

**단어격파** 활용단어의 뜻을 이해하고 따라 써 보세요.

| 始 終 | 시종 : 처음(始)과 끝(終). 처음부터 끝까지 | 始 終 | | |
|---|---|---|---|---|
| 終 日 | 종일 : 하루(日)가 다 끝날(終) 때까지. 아침부터 저녁까지 | 終 日 | | |

# 3 5급 한자 081-120 시험격파

**1 다음 漢字語(한자어)의 讀音(독음)을 쓰세요.** 각 3점씩

(1) 예식장에서 祝歌(　　　　)을(를) 불렀습니다.

(2) 요즘 流行語(　　　　)은(는) 무엇이 있나요?

**2 다음 漢字(한자)에 맞는 訓(훈)과 音(음)을 쓰세요.** 각 3점씩

(1) 島 : (　　　　)

(2) 偉 : (　　　　)

**3 다음 보기 에서 漢字(한자)와 訓(훈)이 반대되는 글자를 찾아 번호를 쓰세요.** 각 4점씩

보기 ❶ 貝　❷ 勝　❸ 終　❹ 紙

(1) 敗 ↔ (　　　　)　(2) 始 ↔ (　　　　)

**4 다음 漢字語와 音(음)이 같으면서 뜻풀이에 맞는 漢字語를 쓰세요.** 각 5점씩

(1) 遠人→(　　　　) : 사물이나 사건이 일어나게 된 까닭

(2) 水石→(　　　　) : 등급이나 직위 따위에서 맨 윗자리

**5 다음 보기 에서 괄호 안에 들어갈 漢字(한자)를 찾아 번호를 쓰세요.** 각 4점씩

보기 ❶ 算　❷ 産　❸ 孝　❹ 效　❺ 敗　❻ 考　❼ 倍　❽ 元

(1) 勇氣百(　)　(2) (　)家亡身

(3) 有(　)數字　(4) 加工生(　)

실력체크 ☑ 上(70~100점) ■
中(30~69점) ■
下(0~29점) ■

**6** 다음 보기 에서 괄호 안에 들어갈 漢字(한자)를 찾아 번호를 쓰세요. 각 4점씩

보기 ❶ 式 ❷ 患 ❸ 唱 ❹ 高 ❺ 客

(1) 病(　　)　　(2) 歌(　　)　　(3) 格(　　)

**7** 다음 漢字(한자) 중 訓(훈)과 音(음)이 바르지 <u>않은</u> 것을 찾아 번호를 쓰세요. 9점

① 約 : 맺을 약　　② 旅 : 나그네 려　　③ 停 : 머무를 지
④ 院 : 집 원　　⑤ 産 : 낳을 산

**8** 다음 漢字語(한자어)의 뜻풀이를 간단히 쓰세요. 각 5점씩

(1) 萬能 : (　　　　　　)
(2) 明朗 : (　　　　　　)
(3) 特産品 : (　　　　　　)

**9** 다음 漢字(한자)의 略字(약자 : 획수를 줄인 한자)를 쓰세요. 각 5점씩

(1) 參 → (　　)
(2) 戰 → (　　)

**10** 다음 漢字(한자)의 색칠된 畫(획)이 몇 번째인지 숫자로 각각 쓰세요. 각 4점씩

(1) 首

(　　)번째 획

(2) 害

(　　)번째 획

★ 정답은 183쪽에 있어요.

궁금타파 **한자상식**

## 한자 속담을 알아봅시다!

| 한자속담 | 속담 풀이 |
|---|---|
| 一日之狗 不知畏虎<br>(일일지구) (부지외호) | 하룻강아지 범 무서운 줄 모른다.<br>⇒ 철모르고 함부로 덤빈다는 뜻. |
| 陰地轉 陽地變<br>(음지전) (양지변) | 음지도 양지로 변할 때가 있다. 쥐구멍에도 볕들 날 있다.<br>⇒ 고생만 하던 사람도 언젠가는 좋은 때를 만날 수 있다는 말. |
| 馬行處에 牛亦去라.<br>(마행처) (우역거) | 말이 가는 곳에 소도 또한 간다.<br>⇒ 말이 가는 곳이면 소도 열심히 걸어가면 도착할 수 있다는 뜻으로, 남이 하는 일이면 나도 노력하면 할 수 있다는 말. |
| 去言美라야, 來言美라.<br>(거언미) (래언미) | 가는 말이 고와야 오는 말도 곱다.<br>⇒ 자기가 먼저 남에게 잘해야 남도 자기에게 잘해 준다는 말. |
| 無足之言이 飛于千里라.<br>(무족지언) (비우천리) | 발이 없는 말이 천리까지 날아간다.<br>⇒ 말은 잘못하면 주위에 금방 알려진다는 뜻. |
| 三歲之習이 至于八十이라.<br>(삼세지습) (지우팔십) | 세 살 적 버릇이 여든까지 간다.<br>⇒ 한 번 든 버릇은 고치기가 매우 어렵다는 뜻임. |
| 聞則病, 不聞藥<br>(문즉병) (불문약) | 들으면 병이요, 안 들으면 약이다.<br>⇒ 들어서 근심될 말은 안 듣는 것이 낫다는 말. |

한데뭉친 **반의자·유의자 결합어**

• 서로 반대의 뜻을 가진 한자가 합쳐졌어요!

| | | | | | |
|---|---|---|---|---|---|
| 氷炭 | 빙탄 | 5급-025, 5급-082 | 勝敗 | 승패 | 6급-073, 5급-116 |
| 利害 | 이해 | 6급-074, 5급-089 | 始終 | 시종 | 6급-012, 5급-120 |

• 서로 뜻이 비슷한 한자가 합쳐졌어요!

| | | | | | |
|---|---|---|---|---|---|
| 約束 | 약속 | 5급-084, 5급-048 | 心情 | 심정 | 7급-005, 5급-113 |
| 首頭 | 수두 | 5급-086, 6급-137 | 情意 | 정의 | 5급-113, 6급-023 |
| 發展 | 발전 | 6급-020, 5급-090 | 病患 | 병환 | 6급-060, 5급-114 |
| 料度 | 요탁 | 5급-093, 6급-046 | 失敗 | 실패 | 6급-103, 5급-116 |
| 旅客 | 여객 | 5급-094, 5급-076 | 敗亡 | 패망 | 5급-116, 5급-003 |
| 格式 | 격식 | 5급-095, 6급-143 | 敗北 | 패배 | 5급-116, 8급-032 |
| 強健 | 강건 | 6급-017, 5급-105 | 明朗 | 명랑 | 6급-002, 5급-117 |
| 偉大 | 위대 | 5급-106, 8급-047 | 生産 | 생산 | 8급-035, 5급-119 |
| 停止 | 정지 | 5급-107, 5급-009 | 終末 | 종말 | 5급-120, 5급-024 |
| 歌唱 | 가창 | 7급-050, 5급-110 | 終止 | 종지 | 5급-120, 5급-009 |

스토리텔링 故고事사成성語어 3

5급-053 6급-050 6급-036 7급-027

# 良 藥 苦 口

좋을 양 약 약 쓸 고 입 구

**뜻** 좋은 약은 입에 쓰다는 뜻으로, 충언(忠言)은 귀에 거슬린다는 말입니다.

**해설** 천하를 통일하고 대제국을 건설했던 진(秦)나라 시황제가 죽자, 천하는 혼란에 빠지기 시작했습니다. 그간 학정에 시달려 온 민중이 각지에서 진나라 타도를 외쳤기 때문입니다. 이중 유방(劉邦)이 진나라의 도읍 함양(咸陽)에 입성해 왕궁으로 들어갔는데, 거기에는 호화찬란한 왕궁에는 온갖 금은보화가 산더미처럼 쌓여 있었고 꽃보다 아름다운 궁녀들이 밤하늘의 별만큼이나 많았습니다. 원래 술과 여자를 좋아하는 유방은 마음이 동하여 그대로 머물려고 했습니다. 그러자 강직한 용장 번쾌(樊噲)가 말했습니다.

"아직 천하는 통일되지 않았나이다. 지금부터가 큰일이오니 지체 없이 왕궁을 물러나 적당한 곳에 진을 치도록 하시옵소서."
유방이 듣지 않자 이번에는 현명한 참모로 이름난 장량(張良)이 말했습니다.
"당초 진나라가 무도한 폭정으로 천하의 원한을 샀기 때문에, 주군께서 이처럼 왕궁에 들어앉는 기회를 얻은 것입니다. 지금 전하의 임무는 천하를 위해 적을 해치우고 천천히 민심을 안정시키는 것이옵니다. 그런데도 진왕(秦王)의 못된 짓을 배우려 하신다면 악왕(惡王)의 전철을 밟게 될 것이옵니다. 원래 '충언은 귀에 거슬리나 행실에 이롭고[忠言逆於耳利於行(충언역어이리어행)], 좋은 약은 입에 쓰나 병에 이롭다[良藥苦於口利於病(양약고어구리어병)]'고 하였나이다. 부디 번쾌의 진언을 *가납하시옵소서." 유방은 불현듯 깨닫고 왕궁을 물러나 함양 근처의 패상(霸上)으로 돌아갔으므로 *인망이 오른 것은 말할 나위도 없었습니다.

이 '양약고구'란 말은 〈공자가어(孔子家語)〉에도 실려 있는데, 요약해서 적으면 다음과 같습니다.
"좋은 약은 입에 쓰나 병에 이롭고, 충언은 귀에 거슬리나 행실에 이롭다. 은나라 탕왕(湯王)은 간하는 충신이 있었기에 번창했고, 하나라 걸왕과 은나라 주왕은 따르는 신하만 있었기에 멸망했다. 임금이 잘못하면 신하가, 아버지가 잘못하면 아들이, 형이 잘못하면 동생이, 자신이 잘못하면 친구가 간해야 한다. 그리하면 나라가 위태롭거나 망하는 법이 없고, 집안에 패덕(悖德)의 악행이 없고, 친구와의 사귐도 끊임이 없을 것이다."

[주] ***가납(嘉納)** : 윗사람이 아랫사람의 충고나 의견을 기꺼이 받아들임.
***인망(人望)** : 세상 사름들이 우러러 믿고 따르는 덕망.

**[출전]** 서기〈史記〉의 유후세가〈留侯世家〉, 공자가어〈孔子家語〉의 육본편〈六本篇〉

8급-033 8급-027 5급-083 8급-042

# 教學相長

가르칠 교 배울 학 서로 상 긴 장

**뜻** 가르침과 배움이 서로 길러 준다는 뜻으로, 사람에게 가르쳐 주거나 스승에게 배우거나 모두 자신의 학업(學業)을 증진(增進)시킨다는 말, 또는 가르치는 일과 배우는 일이 서로 자신의 공부(工夫)를 진보(進步)시킨다는 말입니다.

**해설** 옥은 쪼지 않으면 그릇이 되지 못하고, 사람은 배우지 않으면 도를 모릅니다. 이런 까닭으로 옛날에 왕이 된 자는 나라를 세우고 백성(百姓)들에게 임금 노릇을 함에 교(教, 가르치는 일)와 학(學, 배우는 일)을 우선으로 삼았습니다. 비록 좋은 음식이 있더라도 먹지 않으면 그 맛을 알지 못하고, 비록 지극한 도가 있더라도 배우지 않으면 그 좋음을 모릅니다. 이런 까닭으로 배운 후에 부족함을 알고 가르친 연후에야 막힘을 알게 됩니다. 부족함을 안 후에 스스로 반성할 수 있고, 막힘을 안 후에 스스로 힘쓸 수 있으니, 그러므로, "남을 가르치는 일과 스승에게서 배우는 일이 서로 도와서 자기의 학업을 증진시킨다."고 합니다.

**[출전]** 예기〈禮記〉

8급-032 6급-062

# 北堂

북녘 북 집 당

**뜻** 남의 어머니를 높여서 부르는 말입니다.

**해설** 자기 부모님을 이르는 말과 남의 부모님을 높여 이르는 여러 가지 말을 옛날 글에서 찾아 정리하여 표로 만들면 아래와 같습니다.

| 자기 아버지 | 자기 어머니 |
|---|---|
| 엄친(嚴親) | 자친(慈親) |
| 가친(家親) | |
| 가부(家父) | 가모(家母) |
| 가군(家君) | |
| 가엄(家嚴) | 가자(家慈) |
| 엄부(嚴父) | 자모(慈母) |
| 엄군(嚴君) | |
| 가대인(家大人) | 자위(慈闈) |

| 남의 아버지 | 남의 어머니 |
|---|---|
| 춘부장(*椿府丈) | 모당(母堂) |
| 춘부(椿府) | |
| 춘장(椿丈) | 자당(慈堂) |
| 가존(家尊) | 북당(北堂) |
| 춘정(椿庭) | 영당(慈堂) |
| 영존(令尊) | |
| 춘당(椿堂) | 훤당(*萱堂) |
| 춘부대인(椿府大人) | 대부인(大夫人) |

[주] *보통 부모님을 부친(父親), 모친(母親)으로 부릅니다.
*椿 : 아버지 춘, 춘훤(椿萱) : 남의 부모님을 높여 이르는 말.
*萱 : 원추리 훤(옛날에 어머니는 보통 북당(北堂)에 거처하였는데, 그 뜰에 원추리를 심은 데서 유래한 말임).

# 4 한자격파 5급 121-160

**5급 한자 121-160** 船 배 **선** 規 법 **규** 許 허락할 **허** 責 꾸짖을 **책** 陸 뭍 **륙(육)** 魚 고기, 물고기 **어** 勞 일할 **로(노)** 善 착할 **선** 寒 찰 **한** 惡 악할 **악** | 미워할 **오** 景 볕, 경치 **경** 最 가장 **최** 期 기약할 **기** 湖 호수 **호** 無 없을 **무** 筆 붓 **필** 結 맺을 **결** 給 줄 **급** 着 붙을 **착** 貴 귀할 **귀** 買 살 **매** 費 쓸 **비** 貯 쌓을 **저** 週 주일 **주** 都 도읍 **도** 量 헤아릴 **량(양)** 雄 수컷 **웅** 雲 구름 **운** 順 순할 **순** 黑 검을 **흑** 傳 전할 **전** 敬 공경 **경** 歲 해 **세** 當 마땅 **당** 罪 허물 **죄** 落 떨어질 **락(낙)** 葉 잎 **엽** 過 지날 **과** 團 둥글 **단** 實 열매 **실**

5급 121

배 선

공부한 날 월 일 확인

글자 풀이 | 물의 흐름에 따라(㕣) 바다나 강을 건너 다니는 배(舟)를 뜻해요.

부수 | 舟 (배주) 총획 | 11

획순 | 丿 ㇒ 月 月 舟 舟 舟 舟' 舟ᄂ 船 船

**쓰기격파** 한자를 획순에 따라 써 보세요.

| 船 | 船 | | | | | | |
|---|---|---|---|---|---|---|---|

**단어격파** 활용단어의 뜻을 이해하고 따라 써 보세요.

| | | | | |
|---|---|---|---|---|
| 船長 | 선장 : 배(船)에 탄 승무원의 우두머리(長)로서 항해를 지휘하고 선원을 감독하는 사람 | 船長 | | |
| 旅客船 | 여객선 : 여객(旅客)을 태워 나르기 위한 배(船) | 旅客船 | | |

5급 122

법 규

공부한 날 월 일 확인

글자 풀이 | 사물을 보는 어른(夫)의 시각(見)이 옳다고 해서 '본보기, 규범'이라는 뜻을 가져요.

부수 | 見 (볼견) 총획 | 11

획순 | 一 二 扌 夫 𬚶 䂓 䂓 䂓 䂓 䂓 規

**쓰기격파** 한자를 획순에 따라 써 보세요.

| 規 | 規 | | | | | | |
|---|---|---|---|---|---|---|---|

**단어격파** 활용단어의 뜻을 이해하고 따라 써 보세요.

| | | | | |
|---|---|---|---|---|
| 規格 | 규격 : ① 속뜻 사물의 표준(格)이 되는 규정(規定) ② 공업 제품 등의 품질이나 모양 등에 대한 일정한 표준(標準) | 規格 | | |
| 規則的 | 규칙적 : 일정한 규칙(規則)에 따른 것(的). 규칙이 바른 것 | 規則的 | | |

# 許

허락할 허

공부한 날 ( )월 ( )일 확인 ( )

**글자 풀이** | 상대방의 말(言)에 의견을 같이한다(午) 하여 '허락하다'라는 의미지요.

※ **부수** | 言 (말씀언)  ※ **총획** | 11

※ **획순** | 許 許 許 許 許 許 許 許 許 許 許

5급 123

**쓰기격파** 한자를 획순에 따라 써 보세요.

| 許 | 許 | | | | | | |
|---|---|---|---|---|---|---|---|

**단어격파** 활용단어의 뜻을 이해하고 따라 써 보세요.

| 許可 | 허가 : 허락(許諾)하여 가능(可能)하게 해 줌. 말을 들어줌 | 許可 | | |
|---|---|---|---|---|
| 特許 | 특허 : ① 속뜻 특별(特別)히 허가(許可)함 ② 특정한 사람에게 특정한 권리를 설정하는 행정 작용 | 特許 | | |

# 責

꾸짖을 책

공부한 날 ( )월 ( )일 확인 ( )

**글자 풀이** | 가시(朿)로 콕콕 찌르듯 돈(貝)을 돌려 달라고 독촉하는 것에서 '꾸짖다'는 의미예요.

※ **부수** | 貝 (조개패)  ※ **총획** | 11

※ **획순** | 責 責 責 責 責 責 責 責 責 責 責

5급 124

**쓰기격파** 한자를 획순에 따라 써 보세요.

| 責 | 責 | | | | | | |
|---|---|---|---|---|---|---|---|

**단어격파** 활용단어의 뜻을 이해하고 따라 써 보세요.

| 責任 | 책임 : ① 맡아서 해야 할 임무나 의무 ② 행위의 결과에 따른 손실이나 제재를 떠맡는 일 | 責任 | | |
|---|---|---|---|---|
| 問責 | 문책 : 일의 책임을 물어(問) 꾸짖음(責) | 問責 | | |

5급
125

뭍 륙(육)

공부한 날 월 일 확인

글자 풀이 | 흙더미(坴)가 언덕(阝)처럼 높게 싸여 있는 곳으로 '뭍'을 뜻해요.

✽ 부수 | 阝 (좌부변) ✽ 총획 | 11

✽ 획순 | 陸 陸

**쓰기격파** 한자를 획순에 따라 써 보세요.

| 陸 | 陸 | | | | | | |
|---|---|---|---|---|---|---|---|

**단어격파** 활용단어의 뜻을 이해하고 따라 써 보세요.

| 陸地 | 육지 : 물에 잠기지 않은 지구 표면의 땅 (陸-地) | 陸地 | | |
|---|---|---|---|---|
| 大陸 | 대륙 : ① 속뜻 크고(大) 넓은 땅(陸) ② 바다에 둘러싸인 지구 상의 커다란 육지 | 大陸 | | |

5급
126

고기, 물고기 어

공부한 날 월 일 확인

글자 풀이 | 물고기 모양을 본뜬 글자랍니다.

✽ 부수 | 魚 (제부수) ✽ 총획 | 11

✽ 획순 | 魚 魚

**쓰기격파** 한자를 획순에 따라 써 보세요.

| 魚 | 魚 | | | | | | |
|---|---|---|---|---|---|---|---|

**단어격파** 활용단어의 뜻을 이해하고 따라 써 보세요.

| 北魚 | 북어 : ① 속뜻 북(北)쪽 바다에서 나는 물고기(魚) ② 말린 명태 | 北魚 | | |
|---|---|---|---|---|
| 魚船 | 어선 : 고기잡이(魚)를 위한 배(船) | 魚船 | | |

일할 로 (노)

공부한 날 ( )월 ( )일 확인 ( )

글자 풀이 | 불을 밝히고(炏) 힘(力)을 다해 '일한다'는 뜻이지요.

부수 | 力 (힘력) 총획 | 12

획순 |

5급 127

**쓰기격파** 한자를 획순에 따라 써 보세요.

| 勞 | 勞 | | | | | | |
|---|---|---|---|---|---|---|---|

**단어격파** 활용단어의 뜻을 이해하고 따라 써 보세요.

| 勞力 | 노력 : 힘(力)을 다하여 애씀(勞), 또는 그 힘 | 勞力 | | |
|---|---|---|---|---|
| 功勞 | 공로 : 어떤 일(勞)에 이바지한 공적(功績) | 功勞 | | |

착할 선

공부한 날 ( )월 ( )일 확인 ( )

글자 풀이 | 양(羊)처럼 얌전하고, 한결같이 말하는(口) 것에서 '착하다'고 해요.

부수 | 口 (입구) 총획 | 12

획순 |

5급 128

**쓰기격파** 한자를 획순에 따라 써 보세요.

| 善 | 善 | | | | | | |
|---|---|---|---|---|---|---|---|

**단어격파** 활용단어의 뜻을 이해하고 따라 써 보세요.

| 改善 | 개선 : 고쳐서(改) 좋게(善) 함. 잘못된 점을 고쳐 잘 되게 함 | 改善 | | |
|---|---|---|---|---|
| 善心 | 선심 : ① 속뜻 착한(善) 마음(心) ② 남을 도와주려는 마음 | 善心 | | |

5급 129

寒 찰 한

공부한 날 ( )월 ( )일 확인 ( )

**글자 풀이** | 겨울(冬)에 움집(宀) 바닥에 풀을 깔고 그 위 사람이 자는 모습에서 '춥다'는 뜻이지요.

**부수** | 宀 (갓머리) **총획** | 12

**획순** | 寒 (12획)

**쓰기격파** 한자를 획순에 따라 써 보세요.

| 寒 | 寒 | | | | | | |
|---|---|---|---|---|---|---|---|

**단어격파** 활용단어의 뜻을 이해하고 따라 써 보세요.

| 寒氣 | 한기 : 추운(寒) 기운(氣) | 寒氣 | | |
|---|---|---|---|---|
| 寒冷前線 | 한랭전선 : 차고 무거운(寒冷) 기단의 전선(前線) | 寒冷前線 | | |

5급 130

惡 악할 악, 미워할 오

공부한 날 ( )월 ( )일 확인 ( )

**글자 풀이** | 곱사등(亞)의 굽은 등처럼 마음(心)이 굽어 있는 것에서 '악하다, 미워하다'는 뜻이에요.

**부수** | 心 (마음심) **총획** | 12

**획순** | 惡 (12획)

**쓰기격파** 한자를 획순에 따라 써 보세요.

| 惡 | 惡 | | | | | | |
|---|---|---|---|---|---|---|---|

**단어격파** 활용단어의 뜻을 이해하고 따라 써 보세요.

| 惡用 | 악용 : 알맞지 않게 쓰거나 나쁜(惡) 일에 씀(用) | 惡用 | | |
|---|---|---|---|---|
| 惡寒 | 오한 : 몸이 오슬오슬 떨리고(惡) 추위(寒)를 느끼는 증상 | 惡寒 | | |

공부한 날 월 일 확인

**5급 131**

**글자 풀이** | 높은 대(京)에서 햇빛(日)이 밝게 빛난다 하여 '볕'을 의미하지요.

**부수** | 日 (날일) **총획** | 12

**획순** | 景 景 景 景 景 景 景 景 景 景 景 景

**쓰기격파** 한자를 획순에 따라 써 보세요.

| 景 | 景 | | | | | | |
|---|---|---|---|---|---|---|---|

**단어격파** 활용단어의 뜻을 이해하고 따라 써 보세요.

| | | | | |
|---|---|---|---|---|
| 風景 | 풍경 : ① 속뜻 바람(風)과 볕(景) ② 아름다운 경치 ③ 어떤 모습이나 상황 | 風景 | | |
| 景品 | 경품 : ① 상품에 곁들여 고객에게 거저 주는 물건 ② 어떤 모임에서 제비를 뽑아 선물로 주는 물품 | 景品 | | |

최
가장

공부한 날 월 일 확인

**5급 132**

**글자 풀이** | 전장에서 위험을 무릅쓰고(日) 적을 무찔러 귀(耳)를 잘라(又) 오는 것이 '으뜸'이라고 하였어요.

**부수** | 日 (가로왈) **총획** | 12

**획순** | 最 最 最 最 最 最 最 最 最 最 最 最

**쓰기격파** 한자를 획순에 따라 써 보세요.

| 最 | 最 | | | | | | |
|---|---|---|---|---|---|---|---|

**단어격파** 활용단어의 뜻을 이해하고 따라 써 보세요.

| | | | | |
|---|---|---|---|---|
| 最高 | 최고 : ① 속뜻 가장(最) 높음(高) ② 가장 으뜸이 되는 것 | 最高 | | |
| 最近 | 최근 : ① 속뜻 가장(最) 가까운(近) 때 ② 현재를 기준한 앞뒤의 가까운 시기 | 最近 | | |

**5급 133**

# 期

기약할 기

공부한 날 ( )월 ( )일 확인 ( )

**글자 풀이** | 달(月)이 주기적으로 지구를 도는 일정한 기간(其)에서 '시기, 기약'을 뜻해요.

**부수** | 月 (달월) **총획** | 12

**획순** | 一 十 廾 廾 甘 甘 其 其 其 期 期 期

**쓰기격파** 한자를 획순에 따라 써 보세요.

| 期 | 期 | | | | | | |
|---|---|---|---|---|---|---|---|

**단어격파** 활용단어의 뜻을 이해하고 따라 써 보세요.

| | | | | |
|---|---|---|---|---|
| 初期 | 초기 : 첫(初) 번째 시기(時期) | 初期 | | |
| 定期的 | 정기적 : 일정한 시기(定期)에 일정한 일을 하는 것(的) | 定期的 | | |

**5급 134**

# 湖

호수 호

공부한 날 ( )월 ( )일 확인 ( )

**글자 풀이** | 둑을 둘러(胡) 쳐서 물(氵)을 모아 둔 '호수'를 뜻하지요.

**부수** | 水 (물수), 氵(삼수변) **총획** | 12

**획순** | 丶 丶 氵 氵 汁 汁 沽 沽 沽 湖 湖 湖

**쓰기격파** 한자를 획순에 따라 써 보세요.

| 湖 | 湖 | | | | | | |
|---|---|---|---|---|---|---|---|

**단어격파** 활용단어의 뜻을 이해하고 따라 써 보세요.

| | | | | |
|---|---|---|---|---|
| 湖水 | 호수 : ① 속뜻 우묵하게 파인 호(湖)에 고인 물(水) ② 땅이 우묵하게 들어가 물이 괴어 있는 곳 | 湖水 | | |
| 江湖 | 강호 : ① 속뜻 강(江)과 호수(湖) ② 은자나 시인 · 화가 등이 현실을 피하여 생활하던 시골이나 자연 ③ 넓은 세상 | 江湖 | | |

공부한 날 ( )월 ( )일 확인 ( )

5급 135

**無** 없을 무

글자 풀이 | 양손에 장식을 달고 춤을 추는 모습을 본뜬 글자로, 본래 '춤'을 나타내다가 '없다'는 뜻으로 변했어요.

부수 | 火 (불화), 灬 (연화발)　총획 | 12

획순 | 無無無無無無無無無無無無

**쓰기격파** 한자를 획순에 따라 써 보세요.

| 無 | 無 | | | | | | |
|---|---|---|---|---|---|---|---|

**단어격파** 활용단어의 뜻을 이해하고 따라 써 보세요.

| | | | | |
|---|---|---|---|---|
| 無料 | 무료 : ① 속뜻 삯(料)이나 값을 받지 않음(無) ② 보수를 받지 않음 | 無料 | | |
| 有口無言 | 유구무언 : ① 속뜻 입(口)은 있으나(有) 할 말(言)이 없음(無) ② 변명이나 항변할 말이 없음 | 有口無言 | | |

공부한 날 ( )월 ( )일 확인 ( )

5급 136

**筆** 붓 필

글자 풀이 | 대나무(竹)로 만든 붓대(聿)를 손에 든 형태로 '붓'을 의미해요.

부수 | 竹 (대죽), ⺮ (대죽머리)　총획 | 12

획순 | 筆筆筆筆筆筆筆筆筆筆筆筆

**쓰기격파** 한자를 획순에 따라 써 보세요.

| 筆 | 筆 | | | | | | |
|---|---|---|---|---|---|---|---|

**단어격파** 활용단어의 뜻을 이해하고 따라 써 보세요.

| | | | | |
|---|---|---|---|---|
| 筆記 | 필기 : ① 속뜻 붓(筆)으로 기록(記錄)함 ② 강의나 연설 따위의 내용을 받아씀 | 筆記 | | |
| 名筆 | 명필 : ① 속뜻 유명(有名)한 글씨(筆) ② 매우 잘 쓴 글씨. 또는 글씨를 매우 잘 쓰는 사람 | 名筆 | | |

5급 137

맺을 결

공부한 날 ( )월 ( )일 확인 ( )

글자 풀이 | 물건 주머니의 입구(口)를 끈(糸)으로 묶는다(土) 하여 '가둔다, 맺는다'는 의미예요.

부수 | 糸(실사) 총획 | 12

획순 | 結 結 結 結 結 結 結 結 結 結 結 結

쓰기격파 한자를 획순에 따라 써 보세요.

| 結 | 結 | | | | | | |
|---|---|---|---|---|---|---|---|

단어격파 활용단어의 뜻을 이해하고 따라 써 보세요.

| 結果 | 결과 : ① 속뜻 열매(果)를 맺음(結) ② 어떤 까닭으로 말미암아 이루어지는 결말의 상태, 또는 그 결말 | 結果 | | |
|---|---|---|---|---|
| 結合法則 | 결합법칙 : 덧셈이나 곱셈에서, 수나 식을 어떻게 묶어(結合) 계산하더라도 값은 같다는 법칙(法則) | 結合法則 | | |

5급 138

줄 급

공부한 날 ( )월 ( )일 확인 ( )

글자 풀이 | 실(糸)을 모아(合) 줄을 잇듯이 넉넉히 물건을 내놓는다 하여 '공급하다'는 의미지요.

부수 | 糸(실사) 총획 | 12

획순 | 給 給 給 給 給 給 給 給 給 給 給 給

쓰기격파 한자를 획순에 따라 써 보세요.

| 給 | 給 | | | | | | |
|---|---|---|---|---|---|---|---|

단어격파 활용단어의 뜻을 이해하고 따라 써 보세요.

| 給食 | 급식 : 학교나 공장 등에서 아동이나 종업원에게 음식(飮食)을 주는(給) 일, 또는 그 끼니 음식 | 給食 | | |
|---|---|---|---|---|
| 自給自足 | 자급자족 : 자기에게 필요한 것을 자기(自己)가 마련하여(給) 스스로(自) 충족(充足)시킴 | 自給自足 | | |

# 着

붙을 착

공부한 날 ( )월 ( )일 확인 ( )

**글자 풀이** | 양들이 서로 사이좋게 바라보며 떼지어 '붙어 다닌다'는 뜻이랍니다.

**부수** | 目 (눈목) **총획** | 12

**획순** | 着 着 着

**5급 139**

**쓰기격파** 한자를 획순에 따라 써 보세요.

| 着 | 着 | | | | | | |
|---|---|---|---|---|---|---|---|

**단어격파** 활용단어의 뜻을 이해하고 따라 써 보세요.

| | | | | |
|---|---|---|---|---|
| 到着 | 도착 : 목적한 곳에 이름(到=着) | 到着 | | |
| 着手 | 착수 : ① 속뜻 손(手)을 댐(着) ② 어떤 일을 시작함 | 着手 | | |

# 貴

귀할 귀

공부한 날 ( )월 ( )일 확인 ( )

**글자 풀이** | 양손으로 재산(貝)을 많이 모음을 뜻하였으나, 후에 '귀하다'의 뜻으로 변형되었어요.

**부수** | 貝 (조개패) **총획** | 12

**획순** | 貴 貴 貴

**5급 140**

**쓰기격파** 한자를 획순에 따라 써 보세요.

| 貴 | 貴 | | | | | | |
|---|---|---|---|---|---|---|---|

**단어격파** 활용단어의 뜻을 이해하고 따라 써 보세요.

| | | | | |
|---|---|---|---|---|
| 貴族 | 귀족 : 가문이나 신분 따위가 높아(貴) 정치적·사회적 특권을 가진 계층이나 무리(族) | 貴族 | | |
| 貴重品 | 귀중품 : 귀중(貴重)한 물품(物品) | 貴重品 | | |

5급 141

살 매

공부한 날 ( )월 ( )일 확인 ( )

글자 풀이 | 그물(罒)로 고기를 잡듯이 값나가는 물건(貝)을 모은다는 뜻에서 '사다'의 의미예요.

✻ 부수 | 貝 (조개패) ✻ 총획 | 12

✻ 획순 | 買 買 買 買 買 買 買 買 買 買 買 買

**쓰기격파** 한자를 획순에 따라 써 보세요.

| 買 | 買 | | | | | | |
|---|---|---|---|---|---|---|---|

**단어격파** 활용단어의 뜻을 이해하고 따라 써 보세요.

| | | | | |
|---|---|---|---|---|
| 買入 | 매입 : 물건을 사(買)들이는(入) 것 | 買入 | | |
| 不買運動 | 불매운동 : 어떤 특정한 상품을 사지 않는(不買) 운동(運動) | 不買運動 | | |

5급 142

쓸 비

공부한 날 ( )월 ( )일 확인 ( )

글자 풀이 | 재물(貝)이 모이지 아니하고 자꾸 쓰게(弗) 된다 하여 '돈을 쓰다'라는 의미지요.

✻ 부수 | 貝 (조개패) ✻ 총획 | 12

✻ 획순 | 費 費 費 費 費 費 費 費 費 費 費 費

**쓰기격파** 한자를 획순에 따라 써 보세요.

| 費 | 費 | | | | | | |
|---|---|---|---|---|---|---|---|

**단어격파** 활용단어의 뜻을 이해하고 따라 써 보세요.

| | | | | |
|---|---|---|---|---|
| 車費 | 차비 : 차(車)를 타는 데 드는 비용(費用) | 車費 | | |
| 費用 | 비용 : 무엇을 사거나 어떤 일을 하는 데 쓰는(費=用) 돈 | 費用 | | |

# 貯

쌓을 저

공부한 날 월 일 확인

**글자 풀이** | 재물(貝)은 집에다 저장(宁)한다 하여 '쌓다, 저장하다'는 의미예요.

**부수** | 貝 (조개패) **총획** | 12

**획순** | 丨 冂 冃 月 目 貝 貝 貝 貝 貯 貯 貯

5급 143

**쓰기격파** 한자를 획순에 따라 써 보세요.

| 貯 | 貯 | | | | | | |
|---|---|---|---|---|---|---|---|

**단어격파** 활용단어의 뜻을 이해하고 따라 써 보세요.

| 단어 | 뜻 | 따라 쓰기 | | |
|---|---|---|---|---|
| 貯 金 | 저금 : ① 속뜻 돈(金)을 모아(貯) 둠, 또는 그 돈 ② 돈을 금융 기관이나 우체국 등에 맡겨 저축(貯蓄)함, 또는 그 돈 | 貯 金 | | |
| 貯 水 | 저수 : 산업용으로나 상수도용으로 물(水)을 가두어 모아 둠(貯), 또는 그 물 | 貯 水 | | |

# 週

주일 주

공부한 날 월 일 확인

**글자 풀이** | 주나라(周)의 성을 한 바퀴 돌아보려면 7일이 걸린다는 뜻에서 '주일'을 의미하지요.

**부수** | 辶 (책받침) **총획** | 12

**획순** | 丿 冂 月 月 用 用 周 周 周 凋 凋 週

5급 144

**쓰기격파** 한자를 획순에 따라 써 보세요.

| 週 | 週 | | | | | | |
|---|---|---|---|---|---|---|---|

**단어격파** 활용단어의 뜻을 이해하고 따라 써 보세요.

| 단어 | 뜻 | 따라 쓰기 | | |
|---|---|---|---|---|
| 週 末 | 주말 : 한 주일(週)의 끝(末) | 週 末 | | |
| 週 期 | 주기 : ① 속뜻 한 바퀴 도는 데(週) 걸리는 일정한 시간(期) ② 어떤 현상이 일정한 시간마다 똑같은 변화를 되풀이할 때, 그 일정한 시간을 이르는 말 | 週 期 | | |

5급
145

都
도읍 도

공부한 날 ( )월 ( )일 확인 ( )

**글자 풀이** | 고을(阝=邑)에서 사람이나 물건이 많이 모이는(者) 곳에서 '도읍'을 뜻해요.

**부수** | 阝 (우부방)  **총획** | 12

**획순** | 都 都 都 耂 耂 耂 者 者 者 者 都 都

**쓰기격파** 한자를 획순에 따라 써 보세요.

| 都 | 都 | | | | | | |
|---|---|---|---|---|---|---|---|

**단어격파** 활용단어의 뜻을 이해하고 따라 써 보세요.

|  |  |  | | |
|---|---|---|---|---|
| 都市 | 도시 : ① 속뜻 도읍(都邑)의 시장(市場) ② 일정한 지역에서 사람들이 많이 모여 사는 지역 | 都市 | | |
| 首都 | 수도 : 한 나라에서 으뜸(首) 가는 도시(都市). 일반적으로 정부가 있는 도시를 말함 | 首都 | | |

5급
146

量
헤아릴 량(양)

공부한 날 ( )월 ( )일 확인 ( )

**글자 풀이** | 물건의 무게(重)를 저울로 달아 밝힌다(日) 하여 '헤아리다'는 의미지요.

**부수** | 里 (마을리)  **총획** | 12

**획순** | 量 量 量 量 量 量 量 量 量 量 量 量

**쓰기격파** 한자를 획순에 따라 써 보세요.

| 量 | 量 | | | | | | |
|---|---|---|---|---|---|---|---|

**단어격파** 활용단어의 뜻을 이해하고 따라 써 보세요.

|  |  |  | | |
|---|---|---|---|---|
| 數量 | 수량 : 수효(數爻)와 분량(分量) | 數量 | | |
| 重量 | 중량 : 물건의 무거운(重) 정도(量) | 重量 | | |

공부한 날 ( )월 ( )일 확인 ( )

# 雄
수컷 웅

**글자 풀이** | 팔꿈치(厷)의 힘이 세고 위엄 있는 기세를 보이는 새(隹)라는 뜻에서, 동물의 '수컷'을 의미해요.

**부수** | 隹 (새추) **총획** | 12

**획순** | 雄 雄 雄 雄 雄 雄 雄 雄 雄 雄 雄 雄

**5급 147**

**쓰기격파** 한자를 획순에 따라 써 보세요.

| 雄 | 雄 | | | | | | |
|---|---|---|---|---|---|---|---|

**단어격파** 활용단어의 뜻을 이해하고 따라 써 보세요.

| 英雄 | 영웅 : 지혜와 재능이 뛰어나고(英=雄) 용맹하여 보통 사람이 하기 어려운 일을 해내는 사람 | 英雄 | | |
|---|---|---|---|---|
| 雄大 | 웅대 : 기개 따위가 뛰어나고(雄) 규모 따위가 큼(大) | 雄大 | | |

공부한 날 ( )월 ( )일 확인 ( )

# 雲
구름 운

**글자 풀이** | 비(雨)를 내리게 하는 뭉게구름(云)의 형태에서, '구름'을 뜻하지요.

**부수** | 雨 (비우) **총획** | 12

**획순** | 雲 雲 雲 雲 雲 雲 雲 雲 雲 雲 雲 雲

**5급 148**

**쓰기격파** 한자를 획순에 따라 써 보세요.

| 雲 | 雲 | | | | | | |
|---|---|---|---|---|---|---|---|

**단어격파** 활용단어의 뜻을 이해하고 따라 써 보세요.

| 雲集 | 운집 : 구름(雲)처럼 많이 모임(集) | 雲集 | | |
|---|---|---|---|---|
| 戰雲 | 전운 : 전쟁(戰)이 일어나려는(雲) 험악한 형세 | 戰雲 | | |

5급
149

順
순할 순

공부한 날 ( )월 ( )일 확인 ( )

**글자 풀이** | 냇물(川)이 위에서 아래로 흘러가는 방향과 머리(頁)가 위에 있는 것은 '순리'예요.

**부수** | 頁 (머리혈) **총획** | 12

**획순** | 順 順 順 順 順 順 順 順 順 順 順 順

**쓰기격파** 한자를 획순에 따라 써 보세요.

| 順 | 順 | | | | | | |
|---|---|---|---|---|---|---|---|

**단어격파** 활용단어의 뜻을 이해하고 따라 써 보세요.

| | | | | |
|---|---|---|---|---|
| 順序 | 순서 : 어떤 기준에 따라(順) 정해진 차례(序) | 順序 | | |
| 式順 | 식순 : 의식(儀式)의 진행 순서(順序) | 式順 | | |

5급
150

黑
검을 흑

공부한 날 ( )월 ( )일 확인 ( )

**글자 풀이** | 불(灬)을 피우면 그을음으로 굴뚝이 까맣게 되는 것에서 '검다'는 의미지요.

**부수** | 黑 (제부수) **총획** | 12

**획순** | 黑 黑 黑 黑 黑 黑 黑 黑 黑 黑 黑 黑

**쓰기격파** 한자를 획순에 따라 써 보세요.

| 黑 | 黑 | | | | | | |
|---|---|---|---|---|---|---|---|

**단어격파** 활용단어의 뜻을 이해하고 따라 써 보세요.

| | | | | |
|---|---|---|---|---|
| 黑色 | 흑색 : 검은(黑)빛(色) | 黑色 | | |
| 黑白 | 흑백 : ① 속뜻 검은(黑)빛과 흰(白)빛 ② 잘잘못, 옳고 그름 | 黑白 | | |

傳
전할 전

공부한 날 ( )월 ( )일 확인 ( )

5급 151

**글자 풀이** | 옛날에는 사람(亻)을 통해서만 오로지(叀) 배움이 '전해졌다'는 뜻이에요.

**부수** | 亻 (사람인변) **총획** | 13

**획순** | 傳 傳 傳 傳 傳 傳 傳 傳 傳 傳 傳 傳 傳

**쓰기격파** 한자를 획순에 따라 써 보세요.

| 傳 | 傳 | | | | | | |
|---|---|---|---|---|---|---|---|

**단어격파** 활용단어의 뜻을 이해하고 따라 써 보세요.

| 傳記 | 전기 : 한 개인의 일생의 일을 전(傳)하여 적은 기록(記錄) | 傳記 | | |
|---|---|---|---|---|
| 傳來 | 전래 : ① 속뜻 예로부터 전(傳)하여 내려 옴(來) ② 외국에서 전하여 들어옴 | 傳來 | | |

敬
공경 경

공부한 날 ( )월 ( )일 확인 ( )

5급 152

**글자 풀이** | 입을 삼가 조심(苟)할 것을 자신에게 급박하게 재촉한다(攵)하여 '삼가다, 공경하다'는 의미지요.

**부수** | 攵 (등글월문) **총획** | 13

**획순** | 敬 敬 敬 敬 敬 敬 敬 敬 敬 敬 敬 敬 敬

**쓰기격파** 한자를 획순에 따라 써 보세요.

| 敬 | 敬 | | | | | | |
|---|---|---|---|---|---|---|---|

**단어격파** 활용단어의 뜻을 이해하고 따라 써 보세요.

| 敬老 | 경로 : 노인(老人)을 공경(恭敬)함 | 敬老 | | |
|---|---|---|---|---|
| 敬天愛人 | 경천애인 : 하늘(天)을 공경(恭敬)하고 사람(人)을 사랑함(愛) | 敬天愛人 | | |

5급 153

해 세

공부한 날 ( ) 월 ( ) 일 확인 ( )

글자 풀이 | 도끼(戌)와 같은 농기구를 들고 걸으면서(步) 농사를 짓다 보면 '해'가 바뀐다는 뜻이에요.

※ 부수 | 止 (그칠지) ※ 총획 | 13

※ 획순 | 歲歲歲歲歲歲歲歲歲歲歲歲歲

**쓰기격파** 한자를 획순에 따라 써 보세요.

| 歲 | 歲 | | | | | | |
|---|---|---|---|---|---|---|---|

**단어격파** 활용단어의 뜻을 이해하고 따라 써 보세요.

| | | | | |
|---|---|---|---|---|
| 萬歲 | 만세 : ① 속뜻 오랜(萬) 세월(歲月) ② 오래도록 삶. 영원히 살아 번영함 ③ 축복하거나 승리를 기뻐하며 외치는 소리 | 萬歲 | | |
| 歲月 | 세월 : ① 속뜻 해(歲)와 달(月)이 도는 주기로 한없이 흘러가는 시간 ② 살아가는 세상 | 歲月 | | |

5급 154

마땅할 당

공부한 날 ( ) 월 ( ) 일 확인 ( )

글자 풀이 | 밭(田)을 맞바꿀 때 서로의 가치가 어울려야(尙) 한다 하여 '마땅하다'는 의미지요.

※ 부수 | 田 (밭전) ※ 총획 | 13

※ 획순 | 當當當當當當當當當當當當當

**쓰기격파** 한자를 획순에 따라 써 보세요.

| 當 | 當 | | | | | | |
|---|---|---|---|---|---|---|---|

**단어격파** 활용단어의 뜻을 이해하고 따라 써 보세요.

| | | | | |
|---|---|---|---|---|
| 正當 | 정당 : 바르고(正) 마땅함(當). 이치에 합당함 | 正當 | | |
| 當然 | 당연 : 마땅히(當) 그러함(然) | 當然 | | |

허물 죄

공부한 날 월 일 확인

5급 155

글자 풀이 | 도리가 아닌(非) 행실을 하여 법의 그물(罒 : 网의 변형)에 걸린 것에서 '허물, 죄'를 의미해요.

부수 | 罒 (그물망) 총획 | 13

획순 | 罪 罪 罪 罪 罪 罪 罪 罪 罪 罪 罪 罪 罪

쓰기격파 한자를 획순에 따라 써 보세요.

| 罪 | 罪 | | | | | | |
|---|---|---|---|---|---|---|---|

단어격파 활용단어의 뜻을 이해하고 따라 써 보세요.

| 罪人 | 죄인 : 죄(罪)를 지은 사람(人) | 罪人 | | |
|---|---|---|---|---|
| 罪責感 | 죄책감 : 저지른 잘못(罪)에 대하여 책임(責任)을 느낌(感) | 罪責感 | | |

떨어질 락(낙)

공부한 날 월 일 확인

5급 156

글자 풀이 | 풀(艹)과 나뭇잎에 물방울이 흘러(洛) '떨어진다'는 의미랍니다.

부수 | 艹 (초두머리) 총획 | 13

획순 | 落 落 落 落 落 落 落 落 落 落 落 落 落

쓰기격파 한자를 획순에 따라 써 보세요.

| 落 | 落 | | | | | | |
|---|---|---|---|---|---|---|---|

단어격파 활용단어의 뜻을 이해하고 따라 써 보세요.

| 下落 | 하락 : ① 속뜻 아래(下)로 떨어짐(落) ② 값이나 등급 따위가 떨어짐 | 下落 | | |
|---|---|---|---|---|
| 落心千萬 | 낙심천만 : 바라던 일을 이루지 못하여 몹시(千萬) 마음이 상함(落心) | 落心千萬 | | |

5급
157

葉

잎 엽

공부한 날 ( )월 ( )일 확인 ( )

글자 풀이 | 풀(艹)과 나무(木)에 달린 얇은 '잎사귀(枼)'를 말해요.

부수 | 艹 (초두머리) 총획 | 13

획순 | 葉 (13획)

**쓰기격파** 한자를 획순에 따라 써 보세요.

| 葉 | 葉 | | | | | | |
|---|---|---|---|---|---|---|---|

**단어격파** 활용단어의 뜻을 이해하고 따라 써 보세요.

| | | | | |
|---|---|---|---|---|
| 葉書 | 엽서 : ① 속뜻 잎(葉)처럼 생긴 종이에 글을 씀(書) ② 한쪽 면에는 사진이나 그림이 있고 다른 면에는 전하는 내용과 주소를 적을 수 있는 우편물 | 葉書 | | |
| 落葉 | 낙엽 : ① 속뜻 나뭇잎(葉)이 떨어짐(落) ② 말라서 떨어진 나뭇잎 | 落葉 | | |

5급
158

過

지날 과

공부한 날 ( )월 ( )일 확인 ( )

글자 풀이 | 입이 삐뚤어진(咼) 사람은 말도 비뚤어지게 나간다(辶)는 데서 '지나다, 허물'을 의미하지요.

부수 | 辶 (책받침) 총획 | 13

획순 | 過 (13획)

**쓰기격파** 한자를 획순에 따라 써 보세요.

| 過 | 過 | | | | | | |
|---|---|---|---|---|---|---|---|

**단어격파** 활용단어의 뜻을 이해하고 따라 써 보세요.

| | | | | |
|---|---|---|---|---|
| 過去 | 과거 : 지나(過)감(去), 또는 그때. 지난번 | 過去 | | |
| 自過不知 | 자과부지 : 자기(自)의 잘못(過)은 자기가 알지 못함(不知) | 自過不知 | | |

둥글 단

공부한 날 ( )월 ( )일 확인 ( )

5급 159

글자 풀이 | 한 덩어리(口)로 뭉치는(專)는 모양에서 '둥글다'는 뜻이에요.

※부수 | 口 (큰입구몸) ※총획 | 14

※획순 | 團 (14 strokes)

**쓰기격파** 한자를 획순에 따라 써 보세요.

| 團 | 團 | | | | | | |
|---|---|---|---|---|---|---|---|

**단어격파** 활용단어의 뜻을 이해하고 따라 써 보세요.

| 團體 | 단체 : 같은 목적으로 모인(團) 두 사람 이상의 모임(體) | 團體 | | |
|---|---|---|---|---|
| 大同團結 | 대동단결 : 집단이나 사람이 목적을 이루려고 크게(大) 한 덩어리(同)로 뭉침(團結) | 大同團結 | | |

열매 실

공부한 날 ( )월 ( )일 확인 ( )

5급 160

글자 풀이 | 집(宀)에 재물(貫)이 가득찼다 하여 '알차다, 열매'를 의미해요.

※부수 | 宀 (갓머리) ※총획 | 14

※획순 | 實 (14 strokes)

**쓰기격파** 한자를 획순에 따라 써 보세요.

| 實 | 實 | | | | | | |
|---|---|---|---|---|---|---|---|

**단어격파** 활용단어의 뜻을 이해하고 따라 써 보세요.

| 現實 | 현실 : 현재(現在)의 사실(事實)이나 형편 | 現實 | | |
|---|---|---|---|---|
| 有實樹 | 유실수 : 과실(實)이 열리는(有) 나무(樹) | 有實樹 | | |

# 4 5급 한자 121-160 시험격파

**1 다음 漢字語(한자어)의 讀音(독음)을 쓰세요.** 각 3점씩

(1) 過半數(　　　　)의 찬성으로 그 법은 통과되었습니다.

(2) 콜럼버스는 新大陸(　　　　)을(를) 발견한 위대한 탐험가였습니다.

**2 다음 漢字(한자)에 맞는 訓(훈)과 音(음)을 쓰세요.** 각 3점씩

(1) 筆 : (　　　　)

(2) 當 : (　　　　)

**3 다음 漢字語(한자어)의 뜻풀이를 간단히 쓰세요.** 각 5점씩

(1) 過末 : (　　　　)

(2) 貯金 : (　　　　)

(3) 惡習 : (　　　　)

**4 다음 보기 에서 音(음)은 같으나 訓(훈)이 다른 漢字(한자)를 찾아 번호를 쓰세요.** 각 5점씩

보기　❶ 短　❷ 頭　❸ 結　❹ 英

(1) 決 (　　　　)　(2) 團 (　　　　)

**5 다음 보기 에서 漢字(한자)와 訓(훈)이 반대되는 글자를 찾아 번호를 쓰세요.** 각 4점씩

보기　❶ 黑　❷ 黃　❸ 老　❹ 使

(1) 白 ↔ (　　　　)　(2) 勞 ↔ (　　　　)

실력체크 ☑ 上(70~100점) ■
中(30~69점) ■
下(0~29점) ■

**6** **다음 보기 에서 괄호 안에 들어갈 漢字(한자)를 찾아 번호를 쓰세요.** 각 4점씩

보기
❶ 給 ❷ 合 ❸ 敬 ❹ 定
❺ 主 ❻ 景 ❼ 順 ❽ 王

(1) 風(　　)畫家　　(2) 自(　　)自足
(3) 行事(　　)序　　(4) (　　)老孝親

**7** **다음 漢字(한자) 중 訓(훈)과 音(음)이 바른 것을 모두 찾아 번호를 쓰세요.** 9점

① 寒 : 찰 한　　② 最 : 제일 상　　③ 規 : 규정 법
④ 魚 : 없을 무　　⑤ 湖 : 호수 호

**8** **다음 漢字(한자)의 略字(약자 : 획수를 줄인 한자)를 쓰세요.** 각 5점씩

(1) 歲 → (　　)
(2) 傳 → (　　)

**9** **다음 문장의 漢字(한자)와 訓(훈)이 비슷한 漢字를 넣어 漢字語(한자어)를 완성하세요.** 각 4점씩

(1) 그 일을 처리하기에는 費(　　)이(가) 너무 많이 들어갑니다.
(2) 태조 이성계가 한양으로 都(　　)을(를) 옮겼습니다.
(3) 凶(　　)한 범인은 사회에서 격리시켜야 합니다.

**10** **다음 漢字(한자)의 색칠된 畫(획)이 몇 번째인지 숫자로 각각 쓰세요.** 각 4점씩

(1) 船
(　　)번째 획

(2) 實
(　　)번째 획

★ 정답은 183쪽에 있어요.

## 알쏭달쏭 한자퀴즈

'등글월문' 부수를 사용한 한자의 일부를 가렸습니다. 한자어를 참조하여 빈칸에 들어갈 부분을 보기 에서 찾아 쓰세요.

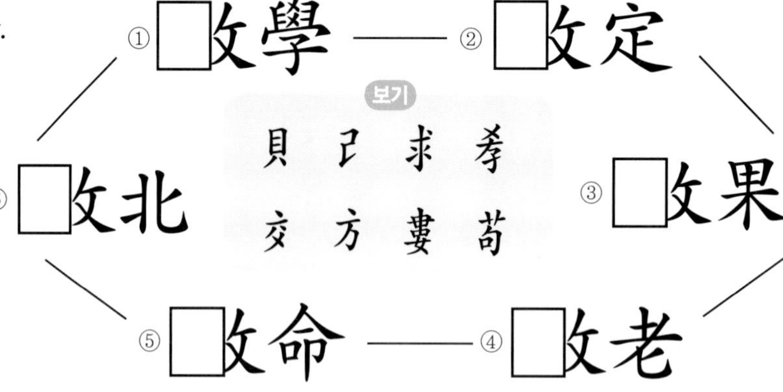


## 한데뭉친 반의자·유의자 결합어

• 서로 반대의 뜻을 가진 한자가 합쳐졌어요!

| | | | | | |
|---|---|---|---|---|---|
| 水陸 | 수륙 | 8급-014, 5급-125 | 發着 | 발착 | 6급-020, 5급-139 |
| 陸海 | 육해 | 5급-125, 7급-046 | 黑白 | 흑백 | 5급-150, 8급-044 |
| 勞使 | 노사 | 5급-127, 6급-008 | 功罪 | 공죄 | 6급-058, 5급-155 |
| 寒溫 | 한온 | 5급-129, 6급-045 | 當落 | 당락 | 5급-154, 5급-156 |
| 善惡 | 선악 | 5급-128, 5급-130 | 登落 | 등락 | 7급-068, 5급-156 |
| 有無 | 유무 | 7급-084, 5급-135 | 功過 | 공과 | 6급-058, 5급-158 |

• 서로 뜻이 비슷한 한자가 합쳐졌어요!

| | | | | | |
|---|---|---|---|---|---|
| 規格 | 규격 | 5급-122, 5급-095 | 貴重 | 귀중 | 5급-140, 7급-064 |
| 規例 | 규례 | 5급-122, 6급-134 | 費用 | 비용 | 5급-142, 6급-009 |
| 規則 | 규칙 | 5급-122, 5급-074 | 都市 | 도시 | 5급-145, 7급-086 |
| 法規 | 법규 | 5급-068, 5급-122 | 京都 | 경도 | 6급-133, 5급-145 |
| 例規 | 예규 | 6급-134, 5급-122 | 都邑 | 도읍 | 5급-145, 7급-058 |
| 許可 | 허가 | 5급-123, 5급-020 | 商量 | 상량 | 5급-109, 5급-146 |
| 責任 | 책임 | 5급-124, 5급-028 | 料量 | 요량 | 5급-093, 5급-146 |
| 陸地 | 육지 | 5급-125, 7급-013 | 度量 | 도량 | 6급-046, 5급-146 |
| 善良 | 선량 | 5급-128, 5급-053 | 年歲 | 연세 | 8급-036, 5급-153 |
| 寒冷 | 한랭 | 5급-129, 5급-040 | 村落 | 촌락 | 7급-034, 5급-156 |
| 凶惡 | 흉악 | 5급-005, 5급-130 | 過去 | 과거 | 5급-158, 5급-019 |
| 時期 | 시기 | 7급-080, 5급-133 | 過失 | 과실 | 5급-158, 6급-103 |
| 結束 | 결속 | 5급-137, 5급-048 | 罪過 | 죄과 | 5급-155, 5급-158 |
| 終結 | 종결 | 5급-120, 5급-137 | 集團 | 집단 | 6급-136, 5급-159 |
| 到着 | 도착 | 5급-059, 5급-139 | 果實 | 과실 | 6급-030, 5급-160 |

8급-004 5급-072

# 四 知

넉 사 알 지

**뜻** 두 사람만의 일이라도 하늘과 땅, 나와 상대편(相對便)이 다 알고 있다는 뜻으로, 비밀(秘密)은 언젠가는 반드시 탄로(綻露)나게 마련임을 이르는 말입니다.

**해설** 천지(天知)·지지(地知)·아지(我知)·자지(*子知)를 사지(四知)라고 하는데, 이것은 천지간에 비밀은 없음을 뜻합니다. 후한(後漢)시대의 조정은 환관들의 천국으로, 그들은 황제 위에 군림하며 권력을 휘둘러 댔습니다. 정치와 관료가 문란하고 부패했던 시대였기에 백성들의 살림은 어려웠습니다. 그러나 이런 때라고 하여 맑은 선비나 관료가 없었던 것은 아닙니다. 제6대 안제 때에 해박한 지식과 청렴결백으로 출중한 인격의 소유자인 양진(楊震)이 그런 인물이었습니다. 그는 당시 사람으로부터 관서공자(關西公子)라고도 칭송 받았습니다. 어느 때인가 양진이 동래군(東萊郡) 태수로 부임할 때였습니다. 부임지로 가는 도중에 날이 저물어 창읍(昌邑)이란 곳에서 하룻밤을 쉬어가게 되었고 객사에서 외로움을 달래고 있을 때에 그 지방 현령으로 있는 왕밀(王密)이라는 사람이 밤늦게 찾아왔습니다.

그가 형주자사(荊州刺史)로 있을 때, 왕밀을 발탁한 일이 있었고 그의 천거로 인해 왕밀은 벼슬길에 나갈 수 있었습니다. 그런 인연으로 둘은 지난날의 여러 이야기들을 나누며 밤이 깊어진 것까지 잊을 정도였습니다. 어느 정도 시간이 흘렀을 때에 왕밀은 황금 열 냥을 꺼내 양진의 무릎 위에 얹어 놓았습니다.

"갑자기 준비한 것이라 변변치 않습니다. 약소하지만 시생의 성의로 아시고 받아 주십시오."
"나는 그대를 정직한 사람으로 믿어 왔는데, 그대는 나라는 인간을 잘 모르는 모양이군. 이게 무슨 짓인가?"
"깊은 밤의 일이니 아는 사람은 한 사람도 없을 것입니다. 제발 받아 주십시오."
"그 무슨 소리. 자네와 내가 알고 하늘과 땅이 알고 있지 않은가. 그런데 어떻게 아무도 아는 사람이 없단 말인가?"
왕밀은 매우 부끄러워하며 물러갔습니다.

[주] *子에는 '아들'이란 훈 이외에도 '너', '당신'이란 훈이 있음.

[출전] 후한서〈後漢書〉의 양진전〈楊震傳〉

6급-096 8급-001 5급-072 8급-010

# 聞 一 知 十

들을 문 한 일 알 지 열 십

**뜻** 하나를 들으면 열을 안다는 뜻으로 일부분을 통해 전체를 또는 시작을 알면 끝을 알 수 있음, 즉 '총명함'을 일컫는 말입니다.

**해설** 하루는 공자(孔子)가 그의 제자 자공(子貢)에게 안회(顔回)를 어떻게 생각하고 있는지 궁금하여 물어보았습니다.
"너와 안회를 비교해 누가 더 낫다고 생각하느냐?"
"저를 어떻게 안회와 비교하겠습니까. 안회는 하나를 들으면 열을 깨치는(聞一知十) 사람입니다만, 저는 하나를 들으면 둘을 깨칠 뿐입니다(聞一知二)."
안회와 자공 두 사람은 경제적으로 대조적이었는데, 안회는 가난하여 끼니를 잇기조차 어려웠고 자공은 장사 솜씨가 능란하여 많은 재산을 가지고 있었습니다. 사실 안회는 가난으로 인한 영양 부족으로 20대에 벌써 머리가 하얗게 세었고, 불우한 가운데 일찍 죽고 말았습니다. 공자는 안회를 후계자로 기대하고 있었는데, 그 죽음을 듣고 "하늘은 나를 버리셨구나!(天喪予)"하고 탄식했습니다.

**[출전]** 논어〈論語〉의 공치장편〈公治長篇〉

5급-104 5급-036 8급-029 6급-038

말 마 귀 이 동녘 동 바람 풍

**뜻** 말의 귀(馬耳)에 동풍(東風 : 春風)이 불어도 전혀 느끼지 못한다는 뜻으로, 남의 말을 귀담아 듣지 않고 그대로 흘려버리거나 무슨 말을 들어도 둔하여 알아 듣지 못한 것을 말합니다. 우리 속담의 '쇠 귀에 경 읽기[牛耳讀經(우이독경)]'와 같은 뜻입니다.

**해설** 당나라의 대시인 *이백(李白)이 벗인 왕거일(王去一)로부터 "한야독작유회(寒夜獨酌有懷, 추운 밤에 홀로 술잔을 기울이며 회포에 잠기며"라는 시 한 수를 받자, 이에 답하여 "답왕거일한야독작유회(答王去一寒夜獨酌有懷)"라는 시를 보냈습니다. 이 시의 마지막 구절에 '마이동풍'이 나오는데, 이백은 "우리네 시인들이 아무리 좋은 시를 짓더라도 이 세상 속물들은 그것을 알아주지 않는다."며 울분을 터뜨렸습니다.
"세상 사람들은 이 말을 들으면 모두 머리를 흔들걸세[世人聞此皆掉頭(세인문차개도두)], 마치 동풍이 말의 귀를 스치는 것과 같음이라네[有如東風射馬耳(유여동풍사마이)]."

**[주]** ***이백(李白)** : 중국 당나라 시인. 중국 최고의 시인으로 추앙되며 시선(詩仙)으로 불림. 자는 태백(太白). 호는 청련거사(靑蓮居士).

**[출전]** 이태백집 〈李太白集 券十八〉의 답왕거일한야독작유회(答王去一寒夜獨酌有懷)

**5급 한자 161–200** 漁 고기 잡을 **어** · 福 복 **복** · 種 씨 **종** · 說 말씀 **설** · 輕 가벼울 **경** · 領 거느릴 **령(영)** · 鼻 코 **비** · 價 값 **가** · 億 억 **억** · 寫 베낄 **사** · 廣 넓을 **광** · 德 덕, 은혜 **덕** · 熱 더울 **열** · 節 마디 **절** · 練 익힐 **련(연)** · 課 공부할, 과정 **과** · 談 말씀 **담** · 調 고를 **조** · 賣 팔 **매** · 賞 상 줄 **상** · 質 바탕 **질** · 養 기를 **양** · 壇 단 **단** · 操 잡을 **조** · 橋 다리 **교** · 歷 지날 **력(역)** · 獨 홀로 **독** · 選 가릴 **선** · 鮮 고울 **선** · 擧 들, 일으킬 **거** · 曜 빛날 **요** · 舊 예 **구** · 識 알 **식** | 적을 **지** · 關 관계할 **관** · 類 무리 **류(유)** · 願 원할 **원** · 競 다툴 **경** · 鐵 쇠 **철** · 變 변할 **변** · 觀 볼 **관**

5급 161

고기잡을 어

공부한 날 월 일 확인

**글자 풀이** | 물(氵)속에 사는 물고기(魚)를 잡는 것에서 '고기 잡다'는 의미랍니다.

**부수** | 氵(삼수변) **총획** | 14

**획순** | 漁 漁 漁 漁 漁 漁 漁 漁 漁 漁 漁 漁 漁 漁

**쓰기격파** 한자를 획순에 따라 써 보세요.

| 漁 | 漁 | | | | | | |
|---|---|---|---|---|---|---|---|

**단어격파** 활용단어의 뜻을 이해하고 따라 써 보세요.

| 漁夫 | 어부 : 고기잡이(漁)를 직업으로 하는 사람(夫) | 漁夫 | | |
|---|---|---|---|---|
| 漁村 | 어촌 : 고기잡이(漁)를 하며 사는 사람들이 모여 사는 마을(村) | 漁村 | | |

5급 162

복 복

공부한 날 월 일 확인

**글자 풀이** | 제단에 술과 곡식(畐)으로 제사하여 신에게 잘보여(示) '복'을 받는다는 뜻이지요.

**부수** | 示(보일시) **총획** | 14

**획순** | 福 福 福 福 福 福 福 福 福 福 福 福 福 福

**쓰기격파** 한자를 획순에 따라 써 보세요.

| 福 | 福 | | | | | | |
|---|---|---|---|---|---|---|---|

**단어격파** 활용단어의 뜻을 이해하고 따라 써 보세요.

| 幸福 | 행복 : ① 속뜻 다행(多幸)스러운 복(福) ② 흐뭇하도록 만족하여 부족함이나 불만이 없음. 또는 그러한 상태 | 幸福 | | |
|---|---|---|---|---|
| 多福 | 다복 : 많은(多) 복(福). 복이 많음 | 多福 | | |

씨 종

공부한 날 ( ) 월 ( ) 일 확인 ( )

5급 163

**글자 풀이** | 벼(禾) 중에서 무거운(重) 것을 종자로 쓴다 하여 '씨앗'을 의미해요.

※ **부수** | 禾 (벼화) ※ **총획** | 14

※ **획순** | 種 種 種 種 種 種 種 種 種 種 種 種 種 種

**쓰기격파** 한자를 획순에 따라 써 보세요.

| 種 | 種 | | | | | | |
|---|---|---|---|---|---|---|---|

**단어격파** 활용단어의 뜻을 이해하고 따라 써 보세요.

| | | | | |
|---|---|---|---|---|
| 品種 | 품종 : ① 속뜻 물품(物品)의 종류(種類) ② 생물 분류학상 같은 종(種)의 생물을 그 특성으로 다시 세분한 최소의 단위 | 品種 | | |
| 種目 | 종목 : 여러 가지 종류(種類)에 따라 나눈 항목(項目) | 種目 | | |

말씀 설, 기쁠 열, 달랠 세, 벗을 탈

공부한 날 ( ) 월 ( ) 일 확인 ( )

5급 164

**글자 풀이** | 말(言)로 사람을 기쁘게(兌) 한다 하여 '말씀'을 의미하지요.

※ **부수** | 言 (말씀언) ※ **총획** | 14

※ **획순** | 說 說 說 說 說 說 說 說 說 說 說 說 說 說

**쓰기격파** 한자를 획순에 따라 써 보세요.

| 說 | 說 | | | | | | |
|---|---|---|---|---|---|---|---|

**단어격파** 활용단어의 뜻을 이해하고 따라 써 보세요.

| | | | | |
|---|---|---|---|---|
| 說明 | 설명 : 해설(解說)하여 분명(分明)하게 함 | 說明 | | |
| 社說 | 사설 : 신문이나 잡지 따위에서 그 회사(會社)의 주장을 싣는 논설(論說) | 社說 | | |

5급 165

가벼울 경

공부한 날 월 일 확인

글자 풀이 | 좁은 길을 가는(巠) 데는 작고 가벼운 수레(車)가 좋다는 뜻이에요.

부수 | 車 (수레거) 총획 | 14

획순 | 一 丅 戸 戸 百 亘 車 軒 軒 軻 輕 輕 輕 輕

쓰기격파 한자를 획순에 따라 써 보세요.

| 輕 | 輕 | | | | | | |
|---|---|---|---|---|---|---|---|

단어격파 활용단어의 뜻을 이해하고 따라 써 보세요.

| | | | | |
|---|---|---|---|---|
| 輕 量 | 경량 : 가벼운(輕) 무게(量) | 輕 量 | | |
| 輕 重 | 경중 : ① 속뜻 가벼움(輕)과 무거움(重), 또는 그 정도 ② 중요한 것과 중요하지 않은 것 | 輕 重 | | |

5급 166

거느릴 령(영)

공부한 날 월 일 확인

글자 풀이 | 우두머리(頁)가 명령(令)을 내려 '거느린다'는 뜻이랍니다.

부수 | 頁 (머리혈) 총획 | 14

획순 | 丿 人 人 今 令 令 邻 領 領 領 領 領 領 領

쓰기격파 한자를 획순에 따라 써 보세요.

| 領 | 領 | | | | | | |
|---|---|---|---|---|---|---|---|

단어격파 활용단어의 뜻을 이해하고 따라 써 보세요.

| | | | | |
|---|---|---|---|---|
| 領 海 | 영해 : ① 속뜻 다스리는(領) 권한이 미치는 바다(海) ② 영토에 인접한 해역으로서 그 나라의 통치권이 미치는 범위 | 領 海 | | |
| 大 領 | 대령 : 영관(領官) 계급 중 가장 위(大)의 계급. 중령의 위, 준장의 아래 | 大 領 | | |

코 비

내 코가 길어졌어.


공부한 날 ( )월 ( )일 확인 ( )

**5급 167**

**글자 풀이** | 본래 코 모양의 글자인 自가 '스스로'의 뜻으로 변하여 畀(비)를 합쳐 '코'를 뜻하는 한자를 만들었어요.

**부수** | 鼻 (제부수) **총획** | 14

**획순** |

**쓰기격파** 한자를 획순에 따라 써 보세요.

 鼻

**단어격파** 활용단어의 뜻을 이해하고 따라 써 보세요.

| | | | |
|---|---|---|---|
| 鼻音 | 비음 | ① 속뜻 코(鼻)가 막힌 듯이 내는 소리(音) ② 입안의 통로를 막고 코로 공기를 내보내면서 내는 소리. 'ㄴ', 'ㅁ', 'ㅇ' 등 | 鼻音 |
| 耳目口鼻 | 이목구비 | ① 속뜻 귀(耳)·눈(目)·입(口)·코(鼻)를 아울러 이르는 말 ② 귀·눈·입·코를 중심으로 한 얼굴의 생김새 | 耳目口鼻 |

# 價

값 가

계속 오르는 석유 가격!
석유


공부한 날 ( )월 ( )일 확인 ( )

**5급 168**

**글자 풀이** | 사람(亻)은 가치 있는 재물을 상자에 넣어 놓는다(賈) 하여 '값지다'을 의미한답니다.

**부수** | 亻(사람인변) **총획** | 15

**획순** |

**쓰기격파** 한자를 획순에 따라 써 보세요.

價 價

**단어격파** 활용단어의 뜻을 이해하고 따라 써 보세요.

| | | | |
|---|---|---|---|
| 價格 | 가격 | ① 속뜻 값(價)이 얼마에 이름(格) ② 물건이 지니고 있는 가치를 돈으로 나타낸 것 | 價格 |
| 物價 | 물가 | 물건(物件)의 값(價). 상품의 시장 가격 | 物價 |

5급 169

億

억 억

공부한 날 월 일 확인

**글자 풀이** | 사람(人)과 생각하다(意)가 합쳐진 글자로, 본래 '편안하다'는 뜻이었으나 지금은 '억, 많은 수'를 의미해요.

**부수** | 亻(사람인변) **총획** | 15

**획순** |

**쓰기격파** 한자를 획순에 따라 써 보세요.

| 億 | 億 | | | | | | |
|---|---|---|---|---|---|---|---|

**단어격파** 활용단어의 뜻을 이해하고 따라 써 보세요.

| | | | | |
|---|---|---|---|---|
| 億萬 | 억만 : 억(億)의 만(萬)이나 될 만큼 많은 수 | 億萬 | | |
| 數億 | 수억 : 몇(數) 억(億) | 數億 | | |

5급 170

寫

베낄 사

공부한 날 월 일 확인

**글자 풀이** | 본래 까치(舃)를 잡아서 집(宀)으로 '옮겨 놓다'는 뜻이었으나, 현재는 '베끼다'로 변하였어요.

**부수** | 宀(갓머리) **총획** | 15

**획순** |

**쓰기격파** 한자를 획순에 따라 써 보세요.

| 寫 | 寫 | | | | | | |
|---|---|---|---|---|---|---|---|

**단어격파** 활용단어의 뜻을 이해하고 따라 써 보세요.

| | | | | |
|---|---|---|---|---|
| 寫本 | 사본 : ① 속뜻 원본(原本)을 그대로 베낌(寫), 또는 베낀 책이나 서류 ② 원본을 사진으로 찍거나 복사하여 만든 책이나 서류 | 寫本 | | |
| 筆寫 | 필사 : 베껴(寫) 씀(筆) | 筆寫 | | |

廣

넓을 광

공부한 날 ( ) 월 ( ) 일 확인 ( )

**글자 풀이** | 기둥만 있고 벽이 없는 대청(广)은 노란빛(黃)이 퍼진다 하여 '넓다'는 의미예요.

※ **부수** | 广 (엄호)　※ **총획** | 15

※ **획순** |

**5급 171**

**쓰기격파** 한자를 획순에 따라 써 보세요.

| 廣 | 廣 | | | | | | |
|---|---|---|---|---|---|---|---|

**단어격파** 활용단어의 뜻을 이해하고 따라 써 보세요.

| | | | | |
|---|---|---|---|---|
| 廣告 | 광고 : 세상에 널리(廣) 알림(告). 또는 그런 일 | 廣告 | | |
| 廣場 | 광장 : 많은 사람이 모일 수 있게 거리에 만들어 놓은 넓은(廣) 빈터(場) | 廣場 | | |

부모님의 은덕을 갚아야 해요.

德

덕, 은혜 덕

공부한 날 ( ) 월 ( ) 일 확인 ( )

**글자 풀이** | 옳고 곧은 마음(悳)을 지닌 행위(彳)라고 하여 '덕'을 의미하지요.

※ **부수** | 彳 (두인변)　※ **총획** | 15

※ **획순** |

**5급 172**

**쓰기격파** 한자를 획순에 따라 써 보세요.

| 德 | 德 | | | | | | |
|---|---|---|---|---|---|---|---|

**단어격파** 활용단어의 뜻을 이해하고 따라 써 보세요.

| | | | | |
|---|---|---|---|---|
| 德望 | 덕망 : 덕행(德行)으로 얻은 명망(名望) | 德望 | | |
| 八德 | 팔덕 : 여덟(八) 가지의 덕(德). 인(仁), 의(義), 예(禮), 지(智), 충(忠), 신(信), 효(孝), 제(悌)를 이름 | 八德 | | |

5급 173

熱

더울 열

공부한 날 (  )월 (  )일 확인 (  )

글자 풀이 | 불(灬 = 火)의 형세(埶)가 뜨거운 것에서 '열, 덥다'는 의미예요.

※ 부수 | 火 (불화), 灬 (연화발)  ※ 총획 | 15

※ 획순 | 一 十 土 夫 圥 坴 坴 坴 㚅 埶 埶 埶 熱 熱 熱

**쓰기격파** 한자를 획순에 따라 써 보세요.

| 熱 | 熱 | | | | | | |
|---|---|---|---|---|---|---|---|

**단어격파** 활용단어의 뜻을 이해하고 따라 써 보세요.

| 高熱 | 고열 : ① 속뜻 높은(高) 열(熱) ② 높은 신열(身熱) | 高熱 | | |
|---|---|---|---|---|
| 熱量 | 열량 : 열(熱)에너지의 양(量). 단위는 보통 '칼로리'(cal)로 표시함 | 熱量 | | |

5급 174

節

마디 절

공부한 날 (  )월 (  )일 확인 (  )

글자 풀이 | 죽순(竹)에서 싹이 나 자라나면 곧(卽) '마디'가 생겨요.

※ 부수 | 竹(대죽), ⺮ (대죽머리)  ※ 총획 | 15

※ 획순 | ノ 𠂉 ⺮ 𥫗 竺 笁 笞 笞 笞 笞 笞 筫 筫 節 節

**쓰기격파** 한자를 획순에 따라 써 보세요.

| 節 | 節 | | | | | | |
|---|---|---|---|---|---|---|---|

**단어격파** 활용단어의 뜻을 이해하고 따라 써 보세요.

| 名節 | 명절 : ① 속뜻 명분(名分)과 절의(節義) ② 해마다 일정하게 지켜 즐기거나 기념하는 때 | 名節 | | |
|---|---|---|---|---|
| 節約 | 절약 : 절제(節制)하여 아껴(約) 씀 | 節約 | | |

익힐 련 (연)

공부한 날 ( )월 ( )일 확인 ( )

**글자 풀이** | 실(糸)을 삶아 불순물을 가려내어 좋은 품질을 만드는 데서 '익히다, 단련하다'는 의미지요.

**부수** | 糸 (실사) **총획** | 15

**획순** | 練 (15획)

5급 175

**쓰기격파** 한자를 획순에 따라 써 보세요.

| 練 | 練 | | | | | | |
|---|---|---|---|---|---|---|---|

**단어격파** 활용단어의 뜻을 이해하고 따라 써 보세요.

|  |  |  | | |
|---|---|---|---|---|
| 練習 | 연습 : 학문이나 기예 따위를 익숙하도록 되풀이하여 익힘(練=習) | 練習 | | |
| 訓練 | 훈련 : 무예나 기술 등을 가르치고(訓) 익힘(練) | 訓練 | | |

공부할, 과정 과

이 모든 책을 공부해야 해.

공부한 날 ( )월 ( )일 확인 ( )

**글자 풀이** | 한 결과(果)를 조사하는(言) 일로, '과정, 공부하다'를 의미해요.

**부수** | 言 (말씀언) **총획** | 15

**획순** | 課 (15획)

5급 176

**쓰기격파** 한자를 획순에 따라 써 보세요.

| 課 | 課 | | | | | | |
|---|---|---|---|---|---|---|---|

**단어격파** 활용단어의 뜻을 이해하고 따라 써 보세요.

|  |  |  | | |
|---|---|---|---|---|
| 課題 | 과제 : 주어진(課) 문제(問題)나 임무 | 課題 | | |
| 日課 | 일과 : 날(日)마다 일정하게 하는 일 또는 그 과정(課程) | 日課 | | |

5급 177

# 談

말씀 담

정상회담을
방송하겠습니다.

공부한 날 월 일 확인

글자 풀이 | 불꽃(炎)처럼 서로 다정히 말을 주고받는다(言) 하여 '이야기하다'는 의미지요.

부수 | 言 (말씀언) 총획 | 15

획순 | 談 談 談 談 談 談 談 談 談 談 談 談 談 談 談

**쓰기격파** 한자를 획순에 따라 써 보세요.

| 談 | 談 | | | | | | |
|---|---|---|---|---|---|---|---|

**단어격파** 활용단어의 뜻을 이해하고 따라 써 보세요.

| | | | | |
|---|---|---|---|---|
| 談話 | 담화 : ① 속뜻 허물없이 이야기를 나눔(談=話). 또는 서로 주고받는 이야기 ② 어떤 일에 관한 견해나 취할 태도 따위를 공적으로 밝히는 말 | 談話 | | |
| 相談 | 상담 : 서로(相) 의논함(談) | 相談 | | |

5급 178

# 調

고를 조

이곳을 조사
해야겠어.

공부한 날 월 일 확인

글자 풀이 | 말(言)을 두루두루(周) 조화롭게 한다는 뜻에서 '고르다'는 의미예요.

부수 | 言 (말씀언) 총획 | 15

획순 | 調 調 調 調 調 調 調 調 訂 訶 訶 訶 訶 調 調

**쓰기격파** 한자를 획순에 따라 써 보세요.

| 調 | 調 | | | | | | |
|---|---|---|---|---|---|---|---|

**단어격파** 활용단어의 뜻을 이해하고 따라 써 보세요.

| | | | | |
|---|---|---|---|---|
| 強調 | 강조 : ① 속뜻 특별히 강(強)하도록 조절(調節)함 ② 어떤 부분을 특별히 강하게 주장하거나 두드러지게 함 | 強調 | | |
| 調査 | 조사 : ① 속뜻 헤아려(調) 보고 찾아봄(査) ② 사물의 내용을 명확히 알기 위하여 자세히 살펴보거나 찾아봄 | 調査 | | |

팔 매

공부한 날 ( )월 ( )일 확인 ( )

**글자 풀이** | 물건을 산다는 뜻을 가진 買(매)에 士(出의 생략형)을 더하여 물건을 '판다'는 한자를 만들었어요.

※ **부수** | 貝 (조개패) ※ **총획** | 15

※ **획순** | 一 十 士 士 声 声 声 赤 売 売 賣 賣 賣 賣 賣

5급 179

**쓰기격파** 한자를 획순에 따라 써 보세요.

| 賣 | 賣 | | | | | | |
|---|---|---|---|---|---|---|---|

**단어격파** 활용단어의 뜻을 이해하고 따라 써 보세요.

| 賣買 | 매매 : 팔고(賣) 삼(買) | 賣買 | | |
|---|---|---|---|---|
| 小賣價格 | 소매가격 : 물건을 소비자에게 직접 팔 때(小賣)의 가격(價格) | 小賣價格 | | |

賞

상줄 상

공부한 날 ( )월 ( )일 확인 ( )

**글자 풀이** | 공이 있는 사람을 높이 평가하여(尙) 돈이나 물건(貝)를 준다 하여 '상 주다'는 의미예요.

※ **부수** | 貝 (조개패) ※ **총획** | 15

※ **획순** | 丨 丨 丨 丷 ⺌ 𫩏 尚 尚 尚 尚 賞 賞 賞 賞 賞

5급 180

**쓰기격파** 한자를 획순에 따라 써 보세요.

| 賞 | 賞 | | | | | | |
|---|---|---|---|---|---|---|---|

**단어격파** 활용단어의 뜻을 이해하고 따라 써 보세요.

| 賞金 | 상금 : 상(賞)으로 주는 돈(金) | 賞金 | | |
|---|---|---|---|---|
| 入賞 | 입상 : 상(賞)을 탈 수 있는 등수 안에 듦(入) | 入賞 | | |

5급 181

바탕 질

공부한 날 ( )월 ( )일 확인 ( )

글자 풀이 | 도끼 두 자루(斤斤)를 맡기고 돈(貝)을 빌리는 데서 '저당'의 뜻이었으나 현재는 '바탕'을 의미해요.

부수 | 貝 (조개패)　총획 | 15

획순 |

**쓰기격파** 한자를 획순에 따라 써 보세요.

| 質 | 質 | | | | | | |
|---|---|---|---|---|---|---|---|

**단어격파** 활용단어의 뜻을 이해하고 따라 써 보세요.

| 性質 | 성질 | ① 속뜻 타고난 성품(性品)과 기질(氣質) ② 사물이나 현상이 본디부터 가지고 있는 다른 것과 구별되는 특징 | 性質 | | |
|---|---|---|---|---|---|
| 質問 | 질문 | ① 속뜻 바탕(質)이 되는 중요한 것을 물어봄(問) ② 모르거나 의심나는 점을 물음 | 質問 | | |

5급 182

기를 양

공부한 날 ( )월 ( )일 확인 ( )

글자 풀이 | 양(羊)에게 먹이(食)를 주어 '기르다'는 의미예요.

부수 | 食 (밥식)　총획 | 15

획순 |

**쓰기격파** 한자를 획순에 따라 써 보세요.

| 養 | 養 | | | | | | |
|---|---|---|---|---|---|---|---|

**단어격파** 활용단어의 뜻을 이해하고 따라 써 보세요.

| 入養 | 입양 | ① 속뜻 양자(養子)를 들임(入) ② 혈연관계가 아닌 일반인 사이에, 양친과 양자로서의 법적인 친자 관계를 맺는 일 | 入養 | | |
|---|---|---|---|---|---|
| 教養 | 교양 | ① 속뜻 가르쳐(教) 기름(養) ② 학문, 지식, 사회생활을 바탕으로 이루어지는 품위, 또는 문화에 대한 폭넓은 지식 | 教養 | | |

단 단

공부한 날 월 일 확인

5급 183

**글자 풀이** | 야외에서 제사를 지내기 위해 흙(土)을 쌓아 터(亶)를 만드는 것에서, '재단'을 의미해요.

**부수** | 土 (흙토) **총획** | 16

**획순** |

**쓰기격파** 한자를 획순에 따라 써 보세요.

| 壇 | 壇 | | | | | | |
|---|---|---|---|---|---|---|---|

**단어격파** 활용단어의 뜻을 이해하고 따라 써 보세요.

| | | | | |
|---|---|---|---|---|
| 教壇 | 교단 : ① 속뜻 교사(敎士)가 강의할 때 올라서는 단(壇) ② 교육에 관한 일을 하는 곳 | 教壇 | | |
| 壇上 | 단상 : 연단(演壇)이나 교단(敎壇) 등의 위(上) | 壇上 | | |

잡을 조

공부한 날 월 일 확인

5급 184

**글자 풀이** | 나무에 앉은 새들(喿)을 손(扌=手)으로 '잡다'는 뜻이지요.

**부수** | 扌(재방변) **총획** | 16

**획순** |

**쓰기격파** 한자를 획순에 따라 써 보세요.

| 操 | 操 | | | | | | |
|---|---|---|---|---|---|---|---|

**단어격파** 활용단어의 뜻을 이해하고 따라 써 보세요.

| | | | | |
|---|---|---|---|---|
| 操作 | 조작 : 기계 따위를 일정한 방식에 따라 다루어(操) 일함(作) | 操作 | | |
| 體操 | 체조 : ① 속뜻 몸(體)을 부림(操) ② 신체의 이상적 발달을 꾀하고 신체의 결함을 교정 또는 보충시켜 주기 위해서 행하는 조직화된 운동 | 體操 | | |

5급 185

橋

다리 교

공부한 날 월 일 확인

**글자 풀이** | 개울 위에 구부러지게(喬) 놓은 나무(木)라는 뜻에서 '다리'를 의미하지요.

**부수** | 木 (나무목) **총획** | 16

**획순** | 一 十 才 木 术 杧 杯 桥 桥 桥 桥 桥 桥 橋 橋 橋

**쓰기격파** 한자를 획순에 따라 써 보세요.

| 橋 | 橋 | | | | | | |
|---|---|---|---|---|---|---|---|

**단어격파** 활용단어의 뜻을 이해하고 따라 써 보세요.

| | | | | |
|---|---|---|---|---|
| 陸橋 | 육교 : 땅(陸) 위에 도로나 철도를 가로질러 만든 다리(橋) | 陸橋 | | |
| 石橋 | 석교 : 돌(石)다리(橋) | 石橋 | | |

5급 186

歷

지날 력(역)

공부한 날 월 일 확인

**글자 풀이** | 벼(禾)를 순서대로 늘어놓듯 차례로 걸어 지나가는(止) 것에서 '지나다'라는 의미예요.

**부수** | 止 (그칠지) **총획** | 16

**획순** | 一 厂 厂 厂 厂 厈 厈 厤 厤 厤 厤 厤 厤 歴 歴 歷

**쓰기격파** 한자를 획순에 따라 써 보세요.

| 歷 | 歷 | | | | | | |
|---|---|---|---|---|---|---|---|

**단어격파** 활용단어의 뜻을 이해하고 따라 써 보세요.

| | | | | |
|---|---|---|---|---|
| 歷史 | 역사 : ① 속뜻 인간 사회가 지나온(歷) 모습에 대한 기록(史) ② 어떤 사물이나 인물, 조직 따위가 오늘에 이르기까지의 자취 | 歷史 | | |
| 歷任 | 역임 : 여러 직위(任)를 차례로 지냄(歷) | 歷任 | | |

獨 홀로 독

공부한 날 월 일 확인

**5급 187**

**글자 풀이** | 개(犭=犬)들은 서로 다투니(蜀) 따로 떼어 놓아야 한다 하여 '홀로'를 뜻해요.

**부수** | 犭(개사슴록변) **총획** | 16

**획순** |

**쓰기격파** 한자를 획순에 따라 써 보세요.

| 獨 | 獨 | | | | | | |
|---|---|---|---|---|---|---|---|

**단어격파** 활용단어의 뜻을 이해하고 따라 써 보세요.

|  |  |  | | |
|---|---|---|---|---|
| 獨白 | 독백 : 극에서 배우가 상대자 없이 혼자서(獨) 대사를 말함(白). 또는 그 대사(臺詞) | 獨白 | | |
| 獨學 | 독학 : 스승 없이, 또는 학교에 다니지 않고 혼자서(獨) 공부함(學) | 獨學 | | |

選 가릴 선

공부한 날 월 일 확인

**5급 188**

**글자 풀이** | 길을 가면서(辶) 부드러운(巽) 물건만을 '고른다'는 의미랍니다.

**부수** | 辵, 辶(책받침) **총획** | 16

**획순** |

**쓰기격파** 한자를 획순에 따라 써 보세요.

| 選 | 選 | | | | | | |
|---|---|---|---|---|---|---|---|

**단어격파** 활용단어의 뜻을 이해하고 따라 써 보세요.

|  |  |  | | |
|---|---|---|---|---|
| 選手 | 선수 : 어떠한 기술이나 운동 따위에 뛰어나 여럿 중에서 대표로 뽑힌(選) 사람(手) | 選手 | | |
| 入選 | 입선 : 응모, 출품한 작품 따위가 뽑는(選) 범위 안에 듦(入) | 入選 | | |

5급
189

鮮
고울 선

공부한 날 ( )월 ( )일 확인 ( )

글자 풀이 | 양(羊)고기처럼 맛있는 물고기(魚)로 '싱싱하다'라는 뜻이지요.

✽ 부수 | 魚 (물고기어) ✽ 총획 | 17

✽ 획순 |

쓰기격파 한자를 획순에 따라 써 보세요.

| 鮮 | 鮮 | | | | | | |
|---|---|---|---|---|---|---|---|

단어격파 활용단어의 뜻을 이해하고 따라 써 보세요.

| 新鮮 | 신선 : ① 속뜻 새롭고(新) 싱싱함(鮮) ② 채소나 생선 따위가 싱싱함 | 新鮮 | | |
|---|---|---|---|---|
| 朝鮮 | 조선 : 1392년 이성계가 고려를 무너뜨리고 한양을 도읍으로 세운 나라 | 朝鮮 | | |

5급
190

擧
들, 일으킬 거

공부한 날 ( )월 ( )일 확인 ( )

글자 풀이 | 여러 사람이 함께 손(手)으로 받들어 준다(與) 하여 '들어 올리다'는 의미랍니다.

✽ 부수 | 手 (손수) ✽ 총획 | 18

✽ 획순 |

쓰기격파 한자를 획순에 따라 써 보세요.

| 擧 | 擧 | | | | | | |
|---|---|---|---|---|---|---|---|

단어격파 활용단어의 뜻을 이해하고 따라 써 보세요.

| 擧事 | 거사 : 큰 일(事)을 일으킴(擧) | 擧事 | | |
|---|---|---|---|---|
| 選擧 | 선거 : 일정한 조직이나 집단에서 그 대표자나 임원을 투표 등의 방법으로 뽑아(選) 냄(擧) | 選擧 | | |

빛날 요

공부한 날 ( )월 ( )일 확인( )

**글자 풀이** | 햇빛(日)을 받아 꿩의 깃털(翟)이 '빛난다'는 뜻이에요.

**부수** | 日 (날일) **총획** | 18

**획순** |

5급 191

**쓰기격파** 한자를 획순에 따라 써 보세요.

| 曜 | 曜 | | | | | | |
|---|---|---|---|---|---|---|---|

**단어격파** 활용단어의 뜻을 이해하고 따라 써 보세요.

| | | | | |
|---|---|---|---|---|
| 曜日 | 요일 : 일주일의 각 날(曜=日)을 이르는 말 | 曜日 | | |
| 七曜 | 칠요 : 월, 화, 수, 목, 금, 토, 일을 통틀어 이르는 말 | 七曜 | | |

예 구

공부한 날 ( )월 ( )일 확인( )

**글자 풀이** | 새(隹)가 풀(艹)을 물어다 둥지(臼)를 엮는 일이 오래 걸린다 하여 '오래되다'는 의미예요.

**부수** | 臼 (절구구) **총획** | 18

**획순** |

5급 192

**쓰기격파** 한자를 획순에 따라 써 보세요.

| 舊 | 舊 | | | | | | |
|---|---|---|---|---|---|---|---|

**단어격파** 활용단어의 뜻을 이해하고 따라 써 보세요.

| | | | | |
|---|---|---|---|---|
| 舊面 | 구면 : 예전(舊)부터 알고 있는 얼굴(面)이나 처지 | 舊面 | | |
| 舊習 | 구습 : 예전(舊)부터 내려오는 낡은 풍습(習) | 舊習 | | |

5급 193

알 식, 적을 지

공부한 날 ( )월 ( )일 확인 ( )

글자 풀이 | 소리(音) 내 말하여(言) 확실히 새기고(戈) 깨닫게 하는 일에서 '표시'를 뜻하지요.

부수 | 言 (말씀언)　총획 | 19

획순 | (획순 그림)

쓰기격파 한자를 획순에 따라 써 보세요.

| 識 | 識 | | | | | | |
|---|---|---|---|---|---|---|---|

단어격파 활용단어의 뜻을 이해하고 따라 써 보세요.

|  |  |  |  | | |
|---|---|---|---|---|---|
| 學識 | 학식 | 배워서(學) 얻은 지식(知識). 학문과 식견 | 學識 | | |
| 識見 | 식견 | ① 속뜻 학식(學識)과 의견(意見) ② 사물을 올바르게 판단할 수 있는 능력 | 識見 | | |

5급 194

關

관계할 관

공부한 날 ( )월 ( )일 확인 ( )

글자 풀이 | 마음의 문(門)을 열고 얽히고 얽힌(絲) '관계를 맺는다'는 뜻이랍니다.

부수 | 門 (문문)　총획 | 19

획순 | (획순 그림)

쓰기격파 한자를 획순에 따라 써 보세요.

| 關 | 關 | | | | | | |
|---|---|---|---|---|---|---|---|

단어격파 활용단어의 뜻을 이해하고 따라 써 보세요.

|  |  |  |  | | |
|---|---|---|---|---|---|
| 關心 | 관심 | ① 속뜻 관계(關係)하고 싶은 마음(心) ② 마음이 끌려 주의를 기울임 | 關心 | | |
| 大關節 | 대관절 | ① 속뜻 큰(大) 고비(關)가 되는 마디(節) ② 여러 말할 것 없이 요점만 말하건대 | 大關節 | | |

무리 류 (유)

공부한 날 월 일 확인

**글자 풀이** | 쌀알(米)과 사람의 머리(頁)는 그 모양이 닮아서 '동류'라는 뜻이에요.

**부수** | 頁 (머리혈) **총획** | 19

**획순** | 類 類 類 類 類 類 類 類 類 類 類 類 類 類 類 類 類 類 類

5급 195

**쓰기격파** 한자를 획순에 따라 써 보세요.

| 類 | 類 | | | | | | |
|---|---|---|---|---|---|---|---|

**단어격파** 활용단어의 뜻을 이해하고 따라 써 보세요.

| | | | | |
|---|---|---|---|---|
| 分類 | 분류 : ① 속뜻 나누어(分) 놓은 무리(類) ② 사물을 공통되는 성질에 따라 종류별로 가름 | 分類 | | |
| 種類 | 종류 : 갈래(種)에 따라 나눈 무리(類). 사물의 부문을 나누는 갈래 | 種類 | | |

원할 원

공부한 날 월 일 확인

**글자 풀이** | 언덕(原)을 향해 머리(頁)를 조아리고 비는 것에서 '원하다, 바라다'는 의미랍니다.

**부수** | 頁 (머리혈) **총획** | 19

**획순** | 願 願 願 願 願 願 願 願 願 願 願 願 願 願 願 願 願 願 願

5급 196

**쓰기격파** 한자를 획순에 따라 써 보세요.

| 願 | 願 | | | | | | |
|---|---|---|---|---|---|---|---|

**단어격파** 활용단어의 뜻을 이해하고 따라 써 보세요.

| | | | | |
|---|---|---|---|---|
| 願書 | 원서 : 지원(志願)하는 뜻을 적은 서류(書類) | 願書 | | |
| 念願 | 염원 : 간절히 생각하고(念) 바람(願). 또는 그런 것 | 念願 | | |

5급 197

# 競

다툴 경

공부한 날 ( )월 ( )일 확인 ( )

**글자 풀이** | 두 사람(儿儿)이 마주 서서(立立) 치열하게 말(口)로 '다툰다'는 뜻이에요.

**부수** | 立 (설립) **총획** | 20

**획순** |

**쓰기격파** 한자를 획순에 따라 써 보세요.

| 競 | 競 | | | | | | |
|---|---|---|---|---|---|---|---|

**단어격파** 활용단어의 뜻을 이해하고 따라 써 보세요.

| 競技 | 경기 : 일정한 규칙 아래 기량(技倆)과 기술(技術)을 겨룸(競). 또는 그런 일 | 競技 | | |
|---|---|---|---|---|
| 競爭 | 경쟁 : 서로 앞서거나 이기려고 겨루고(競) 다툼(爭) | 競爭 | | |

5급 198

쇠 철

공부한 날 ( )월 ( )일 확인 ( )

**글자 풀이** | 창(戈)을 만드는 데 으뜸(王)으로 좋은(吉) 쇠(金)인 '철'을 뜻해요.

**부수** | 金 (쇠금) **총획** | 21

**획순** |

**쓰기격파** 한자를 획순에 따라 써 보세요.

| 鐵 | 鐵 | | | | | | |
|---|---|---|---|---|---|---|---|

**단어격파** 활용단어의 뜻을 이해하고 따라 써 보세요.

| 鐵道 | 철도 : ① 속뜻 쇠(鐵)로 만든 길(道) ② 열차의 운행을 위한 갖가지 시설과 교통수단을 통틀어 이르는 말 | 鐵道 | | |
|---|---|---|---|---|
| 地下鐵 | 지하철 : 땅속(地下)을 다니는 철도(鐵道). '지하철도(地下鐵道)'의 준말 | 地下鐵 | | |

공부한 날 ( ) 월 ( ) 일 확인 ( )

# 變

변할 변

**5급 199**

글자 풀이 | 실처럼(䜌) 끊임없이 말(言)과 매(攵)로 타일러 옳게 변하게 한다는 의미지요.

부수 | 言 (말씀언) 총획 | 23

획순 | 變

**쓰기격파** 한자를 획순에 따라 써 보세요.

| 變 | 變 | | | | | | |
|---|---|---|---|---|---|---|---|

**단어격파** 활용단어의 뜻을 이해하고 따라 써 보세요.

| 變動 | 변동 : 상태가 바뀌어(變) 움직임(動) | 變動 | | |
|---|---|---|---|---|
| 變數 | 변수 : ① 속뜻 수식 따위에서 일정한 범위 안에서 여러 가지 수치로 변(變)할 수 있는 수(數) ② 어떤 상황의 가변적 요인(要因) | 變數 | | |

공부한 날 ( ) 월 ( ) 일 확인 ( )

# 觀

볼 관

**5급 200**

글자 풀이 | 민첩(雚)하게 큰 눈(目)으로 '보다, 관찰하다'는 뜻이에요.

부수 | 見 (볼견) 총획 | 25

획순 | 觀

**쓰기격파** 한자를 획순에 따라 써 보세요.

| 觀 | 觀 | | | | | | |
|---|---|---|---|---|---|---|---|

**단어격파** 활용단어의 뜻을 이해하고 따라 써 보세요.

| 觀客 | 관객 : 구경하는(觀) 사람(客) | 觀客 | | |
|---|---|---|---|---|
| 客觀性 | 객관성 : 개인적 주관이 아닌(客觀) 제삼자적 처지에 서는 성질(性) | 客觀性 | | |

# 5 5급 한자 161-200 시험격파

**1 다음 漢字語(한자어)의 讀音(독음)을 쓰세요.** 각 3점씩

(1) 정체불명의 선박이 우리 領海(　　　　)을(를) 침범했습니다.
(2) 그 선생님은 教壇(　　　　)에 서신지 10년이 넘었습니다.

**2 다음 漢字(한자)에 맞는 訓(훈)과 音(음)을 쓰세요.** 각 3점씩

(1) 鼻 : (　　　　　　)
(2) 操 : (　　　　　　)

**3 다음 漢字(한자)의 색칠된 畫(획)이 몇 번째인지 숫자로 각각 쓰세요.** 각 4점씩

(1) 類

(　　　)번째 획

(2) 賞

(　　　)번째 획

**4 다음 보기 에서 漢字(한자)와 訓(훈)이 반대되는 글자를 찾아 번호를 쓰세요.** 각 4점씩

보기 ❶ 量 ❷ 輕 ❸ 算 ❹ 賣

(1) 重 ↔ (　　　　　　)　(2) 買 ↔ (　　　　　　)

**5 다음 漢字(한자)중 訓(훈)과 音(음)이 바른 것을 찾아 번호를 쓰세요.** 9점

① 橋 : 다리 교　② 億 : 만 억　③ 鮮 : 가릴 선
④ 福 : 옷 복　⑤ 願 : 원할 수

실력체크 ☑ 上(70~100점) ■
中(30~69점) ■
下(0~29점) ■

**6** **다음 보기 에서 괄호 안에 들어갈 漢字(한자)를 찾아 번호를 쓰세요.** 각 4점씩

보기

| | | | |
|---|---|---|---|
| ❶ 獨 | ❷ 流 | ❸ 變 | ❹ 雪 |
| ❺ 說 | ❻ 有 | ❼ 識 | ❽ 式 |

(1) 一字無(　　)　　(2) (　　)立運動
(3) 語不成(　　)　　(4) 天災地(　　)

**7** **다음 글의 밑줄 친 단어를 漢字(한자)로 쓰세요.** 각 5점씩

(1) 행복(　　)한 나날을 보냅시다.
(2) 기후의 변화에 따라 절기(　　)의 이름이 지어졌습니다.
(3) 이날은 역사(　　)에 길이 남을 것입니다.

**8** **다음 漢字(한자)의 略字(약자 : 획수를 줄인 한자)를 쓰세요.** 각 5점씩

(1) 鐵 → (　　　)
(2) 變 → (　　　)

**9** **다음 漢字語(한자어)와 音(음)이 같으면서 뜻풀이에 맞는 漢字語(한자어)를 쓰세요.** 각 5점씩

(1) 讀者 → (　　　　) : 외아들
(2) 校洋 → (　　　　) : 가르쳐 기름. 품행과 문화에 대한 지식

**10** **다음 문장의 漢字(한자)와 訓(훈)이 비슷한 漢字를 넣어 漢字語(한자어)를 완성하세요.** 각 4점씩

(1) 올해는 올림픽 유치 競(　　)이(가) 유례없이 치열했습니다.
(2) 배우고 익혀서 머릿속에 (　　)識을(를) 쌓아 두어야 합니다.
(3) 그녀는 날마다 8시간씩 練(　　)하여 합격했습니다.

★ 정답은 184쪽에 있어요.

궁금타파 **한자상식**

## 24절기(二十四節氣)를 알아봅시다!

| 명칭〈양력〉 | 절기 특징 | 명칭〈양력〉 | 절기 특징 |
|---|---|---|---|
| 입춘(立春)<br>〈2월 4일경〉 | 봄이 시작되며, 언 땅이 녹고, 어류(魚類)가 얼음 밑을 다닌다고 함. | 입추(立秋)<br>〈8월 8일경〉 | 가을이 시작되며, 서늘한 바람이 불고, 귀뚜라미가 운다고 함. |
| 우수(雨水)<br>〈2월 19일경〉 | 수달이 물고기를 잡아 늘어놓고, 초목에 싹이 튼다고 함. | 처서(處暑)<br>〈8월 23일경〉 | 매가 새를 잡아 늘어놓고, 천지가 쓸쓸해지며, 벼가 익는다고 함. |
| 경칩(驚蟄)<br>〈3월 6일경〉 | 동면(冬眠)하던 동물이 깨어 꿈틀대기 시작한다는 의미에서 명칭이 정해졌음. | 백로(白露)<br>〈9월 8일경〉 | 기러기가 날아오고, 제비가 돌아간다고 함. |
| 춘분(春分)<br>〈3월 21일경〉 | 낮과 밤의 길이가 같고, 제비가 날아온다고 함. | 추분(秋分)<br>〈9월 23일경〉 | 낮과 밤의 길이가 같고, 동면할 벌레가 구멍을 막기 시작한다고 함. |
| 청명(淸明)<br>〈4월 5일경〉 | 오동나무가 꽃피기 시작하며, 무지개가 처음 보인다고 함. | 한로(寒露)<br>〈10월 9일경〉 | 기러기가 모여들고, 조개가 나돌며, 국화꽃이 노랗게 피어난다고 함. |
| 곡우(穀雨)<br>〈4월 20일경〉 | 봄비가 내려 온갖 곡식이 윤택해지며 한 해 농사의 준비가 시작됨. | 상강(霜降)<br>〈10월 24일경〉 | 승냥이가 산짐승을 잡고, 초목이 누렇게 떨어진다고 함. |
| 입하(立夏)<br>〈5월 6일경〉 | 여름의 시작이며, 청개구리가 울고, 지렁이가 땅에서 나온다고 함. | 입동(立冬)<br>〈11월 8일경〉 | 겨울이 시작되며, 물과 땅이 처음 얼고 조개가 잡힌다고 함. |
| 소만(小滿)<br>〈5월 21일경〉 | 씀바귀가 뻗어 나오고, 냉이가 누렇게 죽어가며, 보리가 익는다고 함. | 소설(小雪)<br>〈11월 23일경〉 | 첫눈이 내리고, 천지가 얼어 생기가 막혀 겨울이 온다고 함. |
| 망종(芒種)<br>〈6월 6일경〉 | 까마귀가 나타나고, 왜가리가 울기 시작한다고 함. | 대설(大雪)<br>〈12월 7일경〉 | 범이 새끼를 낳고, 여주(박과의 넝쿨풀)가 열매 맺는다고 함. |
| 하지(夏至)<br>〈6월 22일경〉 | 낮이 가장 길며, 사슴의 뿔이 떨어지고, 매미가 울기 시작한다고 함. | 동지(冬至)<br>〈12월 22일경〉 | 낮이 가장 짧고, 액운을 막기 위해 동지팥죽을 쑤어 먹음. |
| 소서(小暑)<br>〈7월 7일경〉 | 더위와 함께 장마전선의 정체로 습도가 높은 장마철이 시작됨. | 소한(小寒)<br>〈1월 6일경〉 | 본격적인 추위가 시작되며, 기러기가 돌아가고, 꿩이 운다고 함. |
| 대서(大暑)<br>〈7월 23일경〉 | 날씨가 무더워지며, 큰비가 때때로 내린다고 함. | 대한(大寒)<br>〈1월 21일경〉 | 일 년 중 가장 춥다는 의미지만 실제는 소한(小寒) 때가 더 추움. |

한데뭉친 **반의자 · 유의자 결합어**

- 서로 반대의 뜻을 가진 한자가 합쳐졌어요!

| | | | | | |
|---|---|---|---|---|---|
| 輕重 | 경중 | 5급-165, 7급-064 | 冷熱 | 냉열 | 5급-040, 5급-173 |
| 賣買 | 매매 | 5급-179, 5급-141 | 新舊 | 신구 | 6급-147, 5급-192 |

- 서로 뜻이 비슷한 한자가 합쳐졌어요!

| | | | | | |
|---|---|---|---|---|---|
| 幸福 | 행복 | 6급-011, 5급-162 | 選別 | 선별 | 5급-188, 6급-091 |
| 說話 | 설화 | 5급-164, 7급-069 | 擧動 | 거동 | 5급-190, 7급-024 |
| 言說 | 언설 | 6급-104, 5급-164 | 選擧 | 선거 | 5급-188, 5급-190 |
| 練習 | 연습 | 5급-175, 6급-128 | 知識 | 지식 | 5급-072, 5급-193 |
| 談話 | 담화 | 5급-177, 7급-069 | 部類 | 부류 | 6급-109, 5급-195 |
| 調和 | 조화 | 5급-178, 6급-135 | 願望 | 원망 | 5급-196, 5급-118 |
| 養育 | 양육 | 5급-182, 7급-066 | 競爭 | 경쟁 | 5급-197, 5급-070 |

스토리텔링 故고 事사 成성 語어 5

5급-016 7급-005 5급-151 7급-005

# 以 心 傳 心

써 이 마음 심 전할 전 마음 심

**뜻** 마음에서 마음으로 전한다는 뜻으로, 어떤 말이나 글을 사용하지 않고도 마음으로 심오한 의미를 깨닫거나 의사가 전달된다는 말입니다. **유사어** 염화미소(拈華微笑), 염화시중(拈華示衆)

**해설** 송(宋)나라의 승려 도언(道彦)이 기록한 〈전등록(傳燈錄) : 고승들의 많은 법어(法語)〉을 살펴보면, 석가가 제자인 가섭(迦葉)에게 말이나 글이 아니라 '이심전심'의 방법으로 불교의 진리를 전했다[附法於迦葉 以心傳心(부법어가섭 이심전심)]는 이야기가 나옵니다.

이에 대해 송나라의 승려 보제(普濟)의 〈*오등회원(五燈會元)〉에는 다음과 같이 적혀 있습니다. 어느 날 석가는 제자들을 영산(靈山)에 불러 모았습니다. 그리고 그들 앞에서 손가락으로 말 없이 연꽃 한 송이를 따서 들어 보았습니다[拈華(염화)]. 제자들은 석가가 왜 그러는지 그 뜻을 알 수 없었으나 가섭만은 그 뜻을 깨닫고 빙긋이 웃었습니다[微笑(미소)]. 즉, *염화미소(拈華微笑)가 성립된 것입니다. 그제야 석가는 가섭에게 말했습니다.

"나에게는 정법안장[正法眼藏 : 인간이 원래 갖추고 있는 마음의 *묘덕(妙德)], 열반묘심[涅槃妙心 : 번뇌와 미망에서 벗어나 진리에 도달한 마음], 실상무상[實相無相 : 생멸계를 떠난 불변의 진리], 미묘법문[微妙法門 : 진리를 깨닫는 마음], 불립문자 교외별전[不立文字 敎外別傳 : 다 같이 언어나 경전에 의하지 않고 이심전심으로 전한다는 뜻]이 있다. 이 진리를 너에게 전해 주마."

[주] *오등회원 : 〈전등록〉 외 4부의 '등록'을 합친 〈오등록(五燈錄)의 초본〉
*염화미소(拈華微笑) : '문자나 말에 의하지 않고 마음에서 전하는 일'을 뜻하는 말. 염화시중(拈華示衆, 꽃을 들어 대중에게 보임)
*묘덕(妙德) : 매우 뛰어난 덕.

[출전] 전등록〈傳燈錄〉, 오등회원〈五燈會元〉

나와 독자 분들은 이심전심이야! 독자 분들이 말하지 않아도 한자 공부에 필요한 것들을 알지!

8급-001 5급-157 5급-072 7급-016

# 一 葉 知 秋

한 일 잎 엽 알 지 가을 추

**뜻** 나뭇잎 하나가 떨어지는 것을 보고 다가오는 가을을 느낀다는 뜻으로, 한 가지 작은 현상을 보고 장차 오게 될 큰일을 미리 짐작한다는 말입니다.

**해설** "한 점의 고기만 맛보아도 냄비 안 고기의 전체 맛을 알 수 있습니다. 또 습기가 차지 않는 깃털과 습기를 잘 받아들이는 숯을 달아 두면 공기의 습한 정도를 알 수 있습니다. 이것은 작은 것으로써 큰 것을 밝혀낸다[以小明大(이소명대)]는 뜻입니다. 또 나뭇잎 하나가 떨어지는 것을 보고서 한 해가 저무는 것을 알 수 있으며[見一葉落而知歲之將暮(견일엽락이지세지장모)], 병 속의 물이 언 것을 보고 세상이 추워진 것을 알게 됩니다[覩甁中之氷而天下之寒(도병중지빙이천하지한)]. 다시 말하면, 바로 가까운 것을 보고 먼 것을 미루어 짐작하는 이치입니다." 이 말들은 전한(前漢) 때 유안(劉安)이 지은 회남자(淮南子)의 〈說山訓篇(설산훈편)〉에 있는 말입니다. 또 〈문록(文錄)〉이라는 책에는 당(唐)나라 사람이 지은 시의 구절을 싣고 있습니다.
"산에 사는 스님이 갑자 세는 것을 몰라도[山僧不解數甲子(산승불해수갑자)], 나뭇잎 하나 떨어지면 천하가 가을인 것을 아노라[一葉落知天下秋(일엽락지천하추)]."

**[출전]** 회남자〈淮南子〉의 설산훈편〈說山訓篇〉

6급-118 5급-177

# 清 談

맑을 청 말씀 담

**뜻** 명예와 이익을 떠나 속되지 않은 청아(淸雅)한 이야기(談)를 높여 이르는 말입니다.

**해설** 위진시대(魏晉時代 : 3세기 후반)는 정치가 불안정하고 사회가 혼란했기 때문에 당시 사대부(士大夫) 간에는 *오탁(汚濁)한 속세를 등지고 산림에 은거(隱居)하여 노장(老莊)의 철학이라든가 문예 등 고상한 이야기를 하는 것이 유행이었습니다. 그 중에서도 *죽림칠현(竹林七賢)은 도읍 낙양(洛陽) 근처에 은거하여 아침부터 밤까지 술에 취한 채 '청담(淸談)'에 빠졌습니다. 청담이란 청신기경(淸新奇警 : 산뜻하고 기발함)의 이야기(談), 곧 세속의 명리(名利), 명문(名聞), 희비(喜悲)를 초월한, 고매한 정신의 자유세계를 주제로 한 노장(老莊)의 철학을 논하는 것입니다.

**[주]** ***오탁(汚濁)** : 더럽고 탁함.
***죽림칠현(竹林七賢)** : 중국 진(晉)나라 초기에 대나무 숲에 모인 7명의 현인들, 산도(山濤), 완적(阮籍), 혜강(嵇康), 완함(阮咸), 유령(劉伶), 상수(尙秀), 왕융(王戎)을 말함.

**[출전]** 후한서〈後漢書〉, 십팔사략〈十八史略〉

5급까지의 한자어가 쑥쑥쑥! 어휘력이 쑥쑥쑥!

# 5급 한자 완전격파

- 교과서 단어격파(수학, 과학, 사회, 기술·가정)
- 유의어
- 반의어
- 5급 사자성어

5급까지의 한자어를 익히면서 5급 한자를 확인하세요!

# 교과서 단어격파 | 數學(수학)

교과서 단어의 뜻을 생각해 보고 따라 써 보세요.

| 한자 | 음 / 뜻 | 따라 쓰기 |
|---|---|---|
| 加法<br>더할 가 법 법 | 음 가법<br>뜻 '덧셈'을 일컫는 말. '덧셈'의 옛 용어 | 加法 |
| 等式<br>같을 등 법 식 | 음 등식<br>뜻 수나 문자, 식을 등호(等號)인 '='를 써서 나타내는 관계식(關係式) | 等式 |
| 無理數<br>없을 무 다스릴 리 셈 수 | 음 무리수<br>뜻 실수이면서 정수나 분수의 형식으로 나타낼 수 없는 수 ($\sqrt{2}$ 나 $\pi$(원주율) 같은 것) | 無理數 |
| 分數<br>나눌 분 셈 수 | 음 분수<br>뜻 어떤 수(數)를 다른 수로 나누는(分) 것을 분자와 분모로 나타낸 것 | 分數 |

교과서에 나오는 수학 용어의 대부분은 한자어예요.

교과서 단어의 뜻을 생각해 보고 따라 써 보세요.

| | | | | |
|---|---|---|---|---|
| **比例式**<br>견줄 비 법식 례 법식 | 음 비례식<br>뜻 두 개의 비가 같음(比例)을 나타내는 식(式) | 比例式 | | |
| **小數**<br>작을 소 셈 수 | 음 소수<br>뜻 0보다 크고 1보다 작은 실수(0 다음에 점을 찍고 그 뒤에 십진법으로 나타냄) | 小 數 | | |
| **實數**<br>열매 실 셈 수 | 음 실수<br>뜻 유리수(有理數)와 무리수(無理數)를 통틀어 가리키는 말 | 實 數 | | |
| **陽數**<br>볕 양 셈 수 | 음 양수<br>뜻 0보다 큰 양(陽)의 수(數) | 陽 數 | | |

# 교과서 단어격파 | 數學(수학)

교과서 단어의 뜻을 생각해 보고 따라 써 보세요.

| | | | | |
|---|---|---|---|---|
| 完全數<br>완전할 **완** 온전할 **전** 셈 **수** | 음 완전수<br>뜻 그 자신(自身)의 수를 뺀 모든 약수의 합이 그 수와 같은 자연수, 6(=1+2+3) | 完全數 | | |
| 外角<br>바깥 **외** 뿔 **각** | 음 외각<br>뜻 다각형에서 한 변과 그것에 이웃한 변의 연장선이 이루는 각 | 外角 | | |
| 有理數<br>있을 **유** 다스릴 **리** 셈 **수** | 음 유리수<br>뜻 실수에서 분모와 분자가 정수인 분수로 나타낼 수 있는 수 | 有理數 | | |
| 以上<br>부터 **이** 위 **상** | 음 이상<br>뜻 어떤 값을 포함하여, 그것보다 많거나 위에 있는 값 | 以上 | | |

한자를 알면
수학이 쏙쏙
이해돼요~!

교과서 단어의 뜻을 생각해 보고 따라 써 보세요.

| | | | | |
|---|---|---|---|---|
| 自然數<br>스스로 자 그럴 연 셈 수 | 음 자연수<br>뜻 1, 2, 3, … 처럼 수의 발생과 동시에 있었다고(自然) 생각되는 가장 소박한 수(數). 양(陽)의 정수(整數)를 통틀어 이르는 말 | 自然數 | | |
| 作圖<br>지을 작 그림 도 | 음 작도<br>뜻 ① 그림 · 설계도 따위를 그림<br>② 기하학에서 어떤 조건에 알맞은 평면도형을 그림 | 作圖 | | |
| 展開圖<br>펼 전 열 개 그림 도 | 음 전개도<br>뜻 입체의 표면을 알맞게 잘라서 평면으로 펼쳤을 때(展開) 이루어지는 도형(圖形) | 展開圖 | | |
| 正多角形<br>바를 정 많을 다 뿔 각 모양 형 | 음 정다각형<br>뜻 변의 길이와 각의 크기가 모두 같은(正) 다각형(多角形) | 正多角形 | | |

# 교과서 단어격파 | 數學(수학)

교과서 단어의 뜻을 생각해 보고 따라 써 보세요.

| 한자 | 음·뜻 | 따라 쓰기 |
|---|---|---|
| 正 多 (바를 정 많을 다) 面 體 (낯 면 몸 체) | 음 정다면체<br>뜻 모든 면이 합동인 정다각형(正)이고 모든 입체각이 다 같은 다면체(多面體) | 正多面體 |
| 集 合 (모을 집 모을 합) | 음 집합<br>뜻 특정 조건에 맞는 원소들의 모임 | 集合 |
| 最 大 (가장 최 큰 대) 公 約 數 (여러 공 묶을 약 셈 수) | 음 최대공약수<br>뜻 둘 이상의 정수(整數)의 공약수(公約數) 가운데 가장(最) 큰(大) 수 | 最大公約數 |
| 最 小 (가장 최 작을 소) 公 倍 數 (여러 공 곱 배 셈 수) | 음 최소공배수<br>뜻 둘 이상의 정수의 공배수(公倍數) 가운데에서 가장(最) 작은(少) 수 | 最小公倍數 |

# 교과서 단어격파 | 科學 (과학)

교과서 단어의 뜻을 생각해 보고 따라 써 보세요.

|  |  | | | |
|---|---|---|---|---|
| 加速運動<br>더할 가 빠를 속 움직일 운 움직일 동 | 음 가속운동<br>뜻 시간의 경과에 따라 속도(速度)를 더하는(加) 물체의 운동(運動) | 加速運動 | | |
| 高度<br>높을 고 정도 도 | 음 고도<br>뜻 ① 속뜻 높은(高) 정도(程度) ② 지평면에서 천체까지의 각거리 | 高度 | | |
| 固體<br>굳을 고 몸 체 | 음 고체<br>뜻 쉽게 변형되지 않고(固) 일정한 모양과 부피가 있는 물질(體) | 固體 | | |
| 光合成<br>빛 광 합할 합 이룰 성 | 음 광합성<br>뜻 유기물이 빛(光) 에너지로 물질을 합성(合成)하여 새로운 화합물을 만드는 일 | 光合成 | | |

# 교과서 단어격파 | 科學(과학)

교과서 단어의 뜻을 생각해 보고 따라 써 보세요.

| 한자 | 음 / 뜻 | 따라 쓰기 |
|---|---|---|
| 氣體<br>기운 **기** 상 **체** | 음 기체<br>뜻 ① 속뜻 공기(空氣) 같은 형체(形體)<br>② 공기, 수증기처럼 일정한 모양이나 부피가 없이 움직이는 물질 | 氣體 |
| 等速運動<br>무리 **등** 빠를 **속** 움직일 **운** 움직일 **동** | 음 등속운동<br>뜻 속력(速力)과 운동(運動) 방향이 일정한(等) 운동(보통 등속직선운동을 말함) | 等速運動 |
| 發火<br>일으킬 **발** 불 **화** | 음 발화<br>뜻 불(火)을 일으킴(發) | 發火 |
| 消火<br>사라질 **소** 불 **화** | 음 소화<br>뜻 불(火)을 끔(消) | 消火 |

교과서에 나오는 과학 용어의 대부분은 한자어예요.

 교과서 단어의 뜻을 생각해 보고 따라 써 보세요.

| | | | | |
|---|---|---|---|---|
| 速力<br>빠를 **속** 힘 **력** | 음 속력<br>뜻 자동차, 기차, 항공기 따위의 속도(速度)를 이루는 힘(力) | 速力 | | |
| 溫度<br>따뜻할 **온** 정도 **도** | 음 온도<br>뜻 따뜻한(溫) 정도(程度). 또는 그것을 나타내는 수치 | 溫度 | | |
| 原子<br>근본 **원** 접미사 **자** | 음 원자<br>뜻 물질을 구성하는 기본적(原) 입자(粒子) | 原子 | | |
| 日氣圖<br>날 **일** 기운 **기** 그림 **도** | 음 일기도<br>뜻 같은 시간에 곳곳의 기온 · 기압 · 풍향 · 풍속 따위의 날씨 상태를 백지도(白地圖)에 숫자와 기호로 나타낸 그림 | 日氣圖 | | |

# 교과서 단어격파 | 科學(과학)

교과서 단어의 뜻을 생각해 보고 따라 써 보세요.

| 한자 | 음/뜻 | 따라 쓰기 |
|---|---|---|
| 電流<br>전기 전 흐를 류 | 음 전류<br>뜻 ① 속뜻 전기(電氣)가 흐름(流) ② 전하가 연속적으로 이동하는 현상 | 電流 |
| 節氣<br>철 절 기운 기 | 음 절기<br>뜻 ① 속뜻 철(節)을 알게 하는 기운(氣運) ② 한 해를 스물넷으로 나눈 철 | 節氣 |
| 種子<br>씨 종 아들 자 | 음 종자<br>뜻 식물에서 나온 씨(種=字) | 種子 |
| 重量<br>무거울 중 분량 량 | 음 중량<br>뜻 물건의 무거운(重) 정도(量) | 重量 |

한자를 알면 과학이 쏙쏙~ 이해돼요!

 교과서 단어의 뜻을 생각해 보고 따라 써 보세요.

| 한자 | 음·뜻 | 따라 쓰기 | | |
|---|---|---|---|---|
| 重 力<br>무거울 중 힘 력 | 음 중력<br>뜻 지구가 지구 위에 있는 물체를 끌어 당기는 힘 | 重力 | | |
| 地 質<br>땅 지 바탕 질<br>學 者<br>배울 학 사람 자 | 음 지질학자<br>뜻 지각(地殼)을 이루는 여러 가지 암석이나 지층(地層)의 성질(性質)을 연구하는 사람(學者) | 地質學者 | | |
| 質 量<br>바탕 질 분량 량 | 음 질량<br>뜻 어떤 물질(物質)의 양(量) | 質量 | | |
| 風 化<br>바람 풍 될 화 | 음 풍화<br>뜻 지표를 구성하는 암석이 햇빛, 공기, 물, 생물 따위의 작용으로 점차로 파괴되거나 분해되는 일 | 風化 | | |

# 교과서 단어격파 | 社會 (사회)

교과서 단어의 뜻을 생각해 보고 따라 써 보세요.

|  |  |  |
|---|---|---|
| **東學**<br>동녘 **동** 배울 **학** | 음 동학<br>뜻 서양에서 들어온 종교에 대항해 19세기 중엽에 최제우가 세운 우리나라(大東) 우리 민족의 순수 종교(學) | 東學 |
| **植民地**<br>심을 **식** 백성 **민** 땅 **지** | 음 식민지<br>뜻 강대국이 점령하여 국민을 이주시킨(植民) 뒤, 정치적·경제적으로 지배하는 지역(地域) | 植民地 |
| **通信使**<br>알릴 **통** 편지 **신** 부릴 **사** | 음 통신사<br>뜻 조선 시대 때 통신(通信)을 위해 일본으로 보내던 사신(使臣) | 通信使 |
| **訓民正音**<br>가르칠 **훈** 백성 **민**<br>바를 **정** 소리 **음** | 음 훈민정음<br>뜻 ① 속뜻 백성(民)을 가르쳐(訓) 글을 알게 하는 데 필요한 바른(正) 소리(音) ② '한글'의 본래 이름 | 訓民正音 |

교과서에 나오는
대부분의 사회 용어는
한자어예요.

 교과서 단어의 뜻을 생각해 보고 따라 써 보세요.

| 한자 | 음 / 뜻 | 따라 쓰기 |
|---|---|---|
| **國會**<br>나라 **국** 모일 **회** | 음 국회<br>뜻 국민의 대표로 구성한 입법 기관 | 國會 |
| **亡命**<br>달아날 **망** 목숨 **명** | 음 망명<br>뜻 ① 속뜻 목숨(命)을 유지하기 위하여 달아남(亡) ② 혁명 또는 그 밖의 정치적인 이유로 자기 나라에서 박해를 받고 있거나 박해를 받을 위험이 있는 사람이 이를 피하기 위하여 외국으로 몸을 옮김 | 亡命 |
| **開化**<br>열 **개** 될 **화** | 음 개화<br>뜻 사람의 지혜가 열리고 사상과 문물 제도가 진보함 | 開化 |
| **五大洋**<br>다섯 **오** 큰 **대** 큰바다 **양** | 음 오대양<br>뜻 지구 겉면에 둘려 있는 다섯(五) 대양(大洋). 곧 태평양(太平洋), 대서양(大西洋), 인도양(印度洋), 남빙양(南氷洋), 북빙양(北氷洋) | 五大洋 |

# 교과서 단어격파 | 社會(사회)

교과서 단어의 뜻을 생각해 보고 따라 써 보세요.

| 한자 | 음/뜻 | 따라 쓰기 |
| --- | --- | --- |
| 公害<br>공변될 공 해할 해 | 음 공해<br>뜻 산업 활동이나 교통량의 증가 등으로 말미암아 공중(公衆)의 건강이나 생활 환경에 미치는 여러 가지 해(害) | 公害 |
| 別技軍<br>다를 별 재주 기 군사 군 | 음 별기군<br>뜻 ① 속뜻 조선 후기에 마군(馬軍), 보군(步軍) 가운데서 특별(特別)히 기량(技倆)이 뛰어난 군사를 모아 편성한 군대(軍大) ② 조선말, 고종 18(1881)년에 조직된 최초의 신식 군대 | 別技軍 |
| 先史時代<br>먼저 선 역사 사 때 시 시대 대 | 음 선사시대<br>뜻 고고학(考古學)에서 이르는 역사 시대 이전(先史)의 시대(時代) 구분의 한 가지. 석기 시대, 청동기 시대 | 先史時代 |
| 三國史記<br>석 삼 나라 국 역사 사 기록할 기 | 음 삼국사기<br>뜻 고구려(高句麗), 백제(百濟), 신라(新羅) 세 나라(三國)의 역사(歷史)를 기록(記錄)한 책 | 三國史記 |

한자를 알면
사회가 쏙쏙~
이해돼요!

교과서 단어의 뜻을 생각해 보고 따라 써 보세요.

| 原 告<br>근원 원 고할 고 | 음 원고<br>뜻 ① 속뜻 원래(原來) 고소(告訴)한 사람 ② 법원에서 소송을 제기하여 재판을 청구한 사람 | 原 告 | | |
|---|---|---|---|---|

| 法 院<br>법 법 집 원 | 음 법원<br>뜻 사법권(司法權)을 가진 국가 기관(院) | 法 院 | | |
|---|---|---|---|---|

| 文化財<br>글월 문 될 화 재물 재 | 음 문화재<br>뜻 ① 속뜻 문화(文化) 활동에 의하여 창조된 가치가 뛰어난 재물(財物) 따위 ② 문화재 보호의 대상이 되는 유형 문화재와 무형 문화재 및 기념물, 민속자료를 통틀어 이르는 말 | 文化財 | | |
|---|---|---|---|---|

| 都 兵<br>도읍 도 병사 병<br>馬 使<br>말 마 부릴 사 | 음 도병마사<br>뜻 고려 때 서북면과 동북면의 병마사(兵馬使)를 지휘·감독하고 군사 문제를 처리하던 중앙 관청(都) | 都兵馬使 | | |
|---|---|---|---|---|

# 교과서 단어격파 社會(사회)

 교과서 단어의 뜻을 생각해 보고 따라 써 보세요.

|  |  |  | | |
|---|---|---|---|---|
| 實學<br>실제 실 배울 학 | 음 실학<br>뜻 ① 속뜻 실생활(實生活)에 도움이 되는 학문(學問) ② 17세기 후반 조선에서 실생활의 향상을 목적으로 융성했던 학문 | 實學 | | |
| 地動說<br>땅 지 움직일 동 말씀 설 | 음 지동설<br>뜻 태양은 우주의 중심에 정지해 있고, 지구는 그 둘레를 자전하면서 공전하고 있다(地動)는 학설(學說) | 地動說 | | |
| 古朝鮮<br>예 고 아침 조 고울 선 | 음 고조선<br>뜻 ① 속뜻 옛(古) 적의 조선(朝鮮) ② 우리나라 최초의 국가. 기원전 2,333년 무렵에 단군 왕검이 세운 나라로, 중국의 요동과 한반도 북서부 지역에 자리 잡았으나 기원전 108년에 중국 한나라에 의해 멸망함 | 古朝鮮 | | |
| 赤十字社<br>붉을 적 열 십 글자 자 단체 사 | 음 적십자사<br>뜻 적십자(赤十字) 정신에 의한 활동을 하는 국제적 단체(社) | 赤十字社 | | |

교과서 단어의 뜻을 생각해 보고 따라 써 보세요.

| | | | | |
|---|---|---|---|---|
| 工場<br>장인 **공** 마당 **장** | 음 공장<br>뜻 근로자가 기계 등을 사용하여 물건을 가공·제조하거나 수리·정비하는(工) 시설 또는 장소(場所) | 工 場 | | |
| 技能<br>재주 **기** 능할 **능** | 음 기능<br>뜻 기술적(技術的)인 능력(能力)이나 재능 | 技 能 | | |
| 圖面<br>그림 **도** 낯 **면** | 음 도면<br>뜻 토목·건축·기계 따위의 구조나 설계 또는 토지, 임야 따위를 기하학적으로 그린(圖) 면(面) | 圖 面 | | |
| 發明<br>일어날 **발** 밝을 **명** | 음 발명<br>뜻 ① 속뜻 죄나 잘못이 없음을 들춰(發) 밝힘(明)<br>② 그때까지 없던 기술이나 물건 따위를 새로 생각해 내거나 만들어 냄 | 發 明 | | |

# 교과서 단어격파 | 技術(기술)·家庭(가정)

 교과서 단어의 뜻을 생각해 보고 따라 써 보세요.

| 한자 | 음·뜻 | 따라 쓰기 | | |
|---|---|---|---|---|
| 産業<br>낳을 산 일 업 | 음 산업<br>뜻 ① 속뜻 무엇을 생산(生産)하는 일(業) ② 농업, 금융업, 운수업 등 인간의 생활을 풍요롭게 하기 위하여 물건이나 서비스를 만드는 기업이나 조직 | 産業 | | |
| 消費者<br>사라질 소 쓸 비 사람 자 | 음 소비자<br>뜻 ① 속뜻 생산된 물건 따위를 소비(消費)하는 사람(者)이나 동물 ② 생태계에서 독립적으로 영양분을 얻지 못해 다른 생물을 통하여 영양분을 얻는 생물체 | 消費者 | | |
| 手工業<br>손 수 장인 공 일 업 | 음 수공업<br>뜻 간단한 도구와 손(手)으로 물건을 만드는(工) 작은 규모의 일(業) | 手工業 | | |
| 食品<br>먹을 식 물건 품 | 음 식품<br>뜻 음식(飮食)의 재료(材料)가 되는 물품(物品). '식료품(食料品)'의 준말 | 食品 | | |

 교과서 단어의 뜻을 생각해 보고 따라 써 보세요.

| 自動化<br>스스로 자 움직일 동 될 화 | 음 자동화<br>뜻 사람의 힘을 빌리지 않고 스스로 움직이게(自動) 만듦(化) | 自動化 | | |
|---|---|---|---|---|
| 特許<br>특별할 특 허락할 허 | 음 특허<br>뜻 ① 속뜻 특별(特別)히 허가(許可)함 ② 어떤 사람이나 기관의 발명품에 대하여 그것을 남이 그대로 흉내 내지 못하게 하고 그것을 이용할 권리를 국가가 그 사람이나 기관에게 주는 것 | 特許 | | |
| 品質<br>물건 품 바탕 질 | 음 품질<br>뜻 물품(物品)의 성질(性質)과 바탕 | 品質 | | |
| 韓紙<br>나라 한 종이 지 | 음 한지<br>뜻 닥나무의 껍질 따위의 섬유를 써서 한국(韓國) 고래(古來)의 제조법으로 뜬 종이(紙) | 韓紙 | | |

| | | | | | |
|---|---|---|---|---|---|
| • 家産 | 가산 | 집안의 재산 | • 家財 | 가재 | 한 집의 재물이나 재산, 집안 세간, 가구(家具) |
| • 開國 | 개국 | (1) 새로 나라를 세움 (2) 문호를 열어 다른 나라와 교류함 | • 建國 | 건국 | 나라를 세움 |
| • 改良 | 개량 | (질이나 성능 따위를) 고쳐 좋게 함 | • 改善 | 개선 | 잘못된 점을 고쳐 잘되게 함 |
| • 擧國 | 거국 | 온 나라, 국민 전체 | • 全國 | 전국 | 온 나라 |
| • 念願 | 염원 | 생각하고 바람 | • 所望 | 소망 | 바라는 바 |
| • 大河 | 대하 | (1) 큰 강 (2) 중국의 황하(黃河) | • 長江 | 장강 | 물줄기가 긴 강 |
| • 來歷 | 내력 | (1) 지나온 자취 (2) 일정한 과정을 거치면서 이루어진 까닭 | • 由來 | 유래 | (사물이 어디에서) 연유하여 옴, 또는 그 내력 |
| • 名勝 | 명승 | (1) 훌륭하고 이름난 경치 (2) 명승지 | • 景勝 | 경승 | 경치가 좋은 곳 |
| • 無事 | 무사 | (1) 일이 없음 (2) 아무 탈 없음 | • 安全 | 안전 | 탈이나 위험성이 없음 |
| • 鼻祖 | 비조 | (사람이 어머니 뱃속에서 코부터 생긴다는 말에서) 어떤 일을 가장 먼저 시작한 사람. 원조(元祖) | • 始祖 | 시조 | (1) 한 겨레나 가계의 맨 처음(始)이 되는 조상(祖上) (2) 어떤 학문이나 기술 따위의 길을 처음 연 사람 |
| • 商品 | 상품 | (1) 사고파는 물품 (2) 교환 또는 판매에 의해 유통되는 생산물 | • 物件 | 물건 | (1) 일정한 형체를 갖춘 모든 물질적 대상 (2) 상품(商品) |
| • 性格 | 성격 | (1) 각 개인에게 특이한 감정, 의지, 행동 등의 경향 (2) 어떤 사물이나 현상이 그 자체로 가지고 있는 성질 | • 氣質 | 기질 | (1) 기력과 체질 (2) 감정적 방법에서 본 개성(다혈질, 신경질, 담즙질, 점액질의 네가지로 나눔) |
| • 歲初 | 세초 | 새해의 첫머리, 설 | • 年頭 | 연두 | 해의 첫머리 |
| • 首領 | 수령 | 한 당파나 무리의 우두머리 | • 頭目 | 두목 | (1) 머리(頭)에서 눈(目)처럼 중요한 것 (2) 패거리의 우두머리 |
| • 水魚 | 수어 | 물과 물고기의 사귐(매우 친밀하게 사귀어 떨어질 수 없는 사이) | • 知己 | 지기 | 서로 마음이 통하는 벗 |
| • 始終 | 시종 | 처음과 나중. 처음부터 끝까지 | • 本末 | 본말 | 일의 처음과 끝 |

| | | | | | |
|---|---|---|---|---|---|
| • 育成 | 육성 | 길러서 자라게 함 | • 養成 | 양성 | (1) 가르쳐서 유능한 사람을 길러 냄 (2) 실력·역량 따위를 길러서 발전시킴 |
| • 入選 | 입선 | (1) 응모, 출품한 물건이 심사 표준에 들어감 (2) 선거 등에 입후보하여 뽑힘 | • 當選 | 당선 | (1) 선거에 뽑힘 (2) 심사나 선발에 뽑힘 |
| • 戰術 | 전술 | (1) 전투나 작전을 지휘, 수행하는 기술과 방법 (2) 정치 · 경제 등의 사회적 활동이나 투쟁을 위한 기본적인 방법 | • 兵法 | 병법 | 전쟁을 하는 방법 |
| • 知音 | 지음 | (1) 풍류의 곡조 소리를 잘 앎 (2) 마음이 서로 통하는 벗(중국 춘추시대에 거문고의 명수인 백아(伯牙)의 거문고 소리를 잘 알아들은 사람은 오직 그 친구 종자기(鍾子期)뿐이었다는 고사에서 유래함) | • 心友 | 심우 | 마음으로 사귄 벗 |
| • 親筆 | 친필 | 손수 쓴 글씨 | • 自筆 | 자필 | 손수 글씨를 씀, 또는 그 글씨 |
| • 品名 | 품명 | (1) 물품 이름 (2) 품종 이름 | • 物名 | 물명 | 물건의 이름 |
| • 校內 | 교내 | 학교 안 | • 學內 | 학내 | 학교의 내부 |
| • 先着順 | 선착순 | 먼저 와 닿는 차례 | • 倒着順 | 도착순 | 도착한 차례 |
| • 同窓生 | 동창생 | 한 학교에서 공부한 사람 | • 同期生 | 동기생 | 같은 연도에 입학하였거나 졸업한 사람 |
| • 在來種 | 재래종 | 어느 지방에서 오랜 세월 동안 다른 품종과 교배되지 않고 재배되거나 길러 오던 품종. 본종 | • 本土種 | 본토종 | 원래부터 그 곳에서 나는 종자 |
| • 運命觀 | 운명관 | 모든 자연현상이나 인간사는 이미 정해진 운명이기 때문에 변경시킬 수 없다고 믿는 이론 | • 宿命觀 | 숙명관 | 운명론. 숙명론 |
| • 通知書 | 통지서 | 어떤 사실을 알리는 문서 | • 通告文 | 통고문 | 통고서(通告書). 통지하여 알리는 문서 |
| • 室內競技 | 실내경기 | 건물 안에서 행해지는 운동 | • 屋內競技 | 옥내경기 | 실내의 경기장에서 행해지는 운동 |
| • 固定不變 | 고정불변 | 붙박이로 되어 변함이 없는 것 | • 一定不變 | 일정불변 | 한 번 정하여져 바뀌지 아니함 |

| | | | | | |
|---|---|---|---|---|---|
| • 感情 | 감정 | (1) 느껴 움직이는 마음속의 기분이나 생각 (2) 쾌, 불쾌, 기쁨, 슬픔, 노여움 따위의 심리(心理) 현상 | • 理性 | 이성 | 사물의 이치를 논리적으로 생각하고 판단하는 마음의 작용. 도리에 따라 판단하거나 행동하는 능력 |
| • 固定 | 고정 | (1) 한 번 정한 대로 변경하지 않음 (2) 붙박이로 있게 함 (3) 마음을 본래대로 가라앉힘 | • 流動 | 유동 | 흘러 움직임. 이리저리 옮겨 다니거나 변함 |
| • 曲面 | 곡면 | 평평하지 않고 굽어진 면 | • 平面 | 평면 | (1) 평평한 겉면 (2) 일정한 표면 위에 있는 어떤 두 점을 지나는 직선의 모든 점이 늘 그 표면 위에 놓이는 면 |
| • 多元 | 다원 | (1) 근원이 많음, 또는 많은 근원 (2) 수학적 대상이나 관계에 있어서 미지수의 개수가 하나가 아니라 다수인 것 | • 一元 | 일원 | (1) 같은 본원. 사물의 근원은 오직 하나임 (2) 한 개의 미지수를 포함하는 것 |
| • 對話 | 대화 | 마주 대하여 주고받는 이야기 | • 獨白 | 독백 | (1) 혼자서 중얼거림 (2) 연극에서 배우가 마음속의 생각을 관객에게 알리기 위해 상대자 없이 혼자 말함, 또는 그 대사(臺詞). 모놀로그 |
| • 母音 | 모음 | 목청을 울려서 울음이 된 공기가 입 안이나 목 안의 어떤 막음(장애)을 입지 않고 입 밖으로 나오는 소리(현대 우리 말에는 홑글자로 'ㅏ, ㅑ, ㅓ, ㅕ, ㅗ, ㅛ, ㅜ, ㅠ, ㅡ, ㅣ'의 열 가지가 있음). 홀소리 | • 子音 | 자음 | 말소리 가운데 모음에 닿아서 나는 소리(현대 우리말에는 홑글자로 적는 ㄱ, ㄴ, ㄷ, ㄹ, ㅁ, ㅂ, ㅅ, ㅇ, ㅈ, ㅊ, ㅋ, ㅌ, ㅍ, ㅎ과, 겹글자로 적는 ㄲ, ㄸ, ㅆ, ㅃ, ㅉ의 열아홉 가지의 자음이 있음). 닿소리 |
| • 放心 | 방심 | (1) 다른 것에 정신이 팔려 마음(心)을 놓아 버림(放) (2) 걱정하던 마음을 놓음 | • 操心 | 조심 | 잘못이나 실수가 없도록 말이나 행동에 마음을 씀 |
| • 本校 | 본교 | (1) 분교(分校)에 대하여, 중심이 되는 학교 (2) (자기가 다니고 있는) 이 학교 | • 他校 | 타교 | 다른 학교. 남의 학교 |
| • 部分 | 부분 | 전체를 몇으로 나누어 구별한 것의 하나 | • 全體 | 전체 | (사물이나 현상의) 전부 |
| • 不實 | 부실 | (1) 몸, 마음, 행동 등이 옹골차지 못함 (2) 미덥지 못함 (3) 실속이 없음 | • 充實 | 충실 | (1) 몸이 굳세어서 튼튼함 (2) 사물의 내용이 알차고 단단함 (3) 원만하고 성실함 |
| • 不法 | 불법 | 법이나 도리 따위에 어긋남 | • 合法 | 합법 | 법령 또는 법식에 맞음 |
| • 不幸 | 불행 | (1) 행복(幸福)하지 아니함(不) (2) 운수가 나쁨 | • 幸福 | 행복 | (1) 복된 좋은 운수 (2) 생활의 만족과 삶의 보람을 느끼는 흐뭇한 상태 |

| 한자 | 음 | 뜻 | 한자 | 음 | 뜻 |
|---|---|---|---|---|---|
| • 成功 | 성공 | (1) 일(功)을 이룸(成) (2) 부(富)나 사회적 지위를 얻음 | • 失敗 | 실패 | 일이 잘못되어 헛일이 됨 |
| • 消費 | 소비 | (1) 써서 없앰 (2) 욕망의 충족이나 재화의 생산을 위해 어떤 재화나 노력 따위를 소모하는 일 | • 生產 | 생산 | 인간 생활에 필요한 물건을 만듦 |
| • 勝利 | 승리 | 겨루거나 싸워서 이김 | • 敗北 | 패배 | 싸움에 지고 달아남 |
| • 實質 | 실질 | 실제의 본바탕 | • 形式 | 형식 | 겉모양. 격식이나 절차 |
| • 惡意 | 악의 | (1) 다른 사람에게 해를 끼치려는 마음, 악심(惡心) (2) 나쁜 뜻 | • 善意 | 선의 | (1) 돕고자 하는 착한 마음 (2) 좋게 보거나 좋은 면을 보려고 하는 마음 |
| • 溫情 | 온정 | 따뜻한 정 | • 冷情 | 냉정 | 매정하고 쌀쌀함 |
| • 原因 | 원인 | 어떤 사실의 근원이 되는 까닭, 원유(原由) | • 結果 | 결과 | (1) 열매를 맺음, 혹은 그 열매. 결실(結實) (2) 어떤 원인에서 초래된 결말의 상태 |
| • 正當 | 정당 | 바르고 마땅함. 이치에 맞음 | • 不當 | 부당 | 이치에 합당하지 않음, 실당(失當) |
| • 出發 | 출발 | (1) 길을 떠남 (2) 일을 시작함, 또는 일의 시작 | • 到着 | 도착 | 목적지에 다다름 |
| • 可變性 | 가변성 | 일정한 조건 하에서 변할 수 있는 성질 | • 不變性 | 불변성 | 변하지 않는 성질 |
| • 感情的 | 감정적 | 쉽게 감정에 좌우되는. 감정에 치우친 | • 理性的 | 이성적 | 이성에 바탕하거나 이성을 따르는 |
| • 落選者 | 낙선자 | (1) 선거에서 떨어진 사람 (2) 심사나 선발에서 떨어진 사람 | • 當選者 | 당선자 | 선거나 심사 등에서 뽑힌 사람 |
| • 外三寸 | 외삼촌 | 친어머니의 형제 | • 親三寸 | 친삼촌 | 친아버지의 형제 |
| • 願賣人 | 원매인 | 팔고자 하는 사람 | • 願買人 | 원매인 | 사려고 하는 사람 |
| • 有產者 | 유산자 | 재산이 있는 사람. 재산이 많은 사람 | • 無產者 | 무산자 | 재산이 없는 가난한 사람, 또는 무산 계급에 속하는 사람 |
| • 前半部 | 전반부 | 반씩 둘로 나눈 것의 앞부분 | • 後半部 | 후반부 | 반씩 둘로 나눈 것의 뒷부분 |
| • 合法化 | 합법화 | 법령이나 법규 따위에 맞도록 함 | • 不法化 | 불법화 | 법에 어긋나는 것으로 됨, 또는 그리되게 함 |
| • 後任者 | 후임자 | 앞서 맡아보던 사람의 뒤를 이어 그 직무나 임무를 맡아보는 사람 | • 前任者 | 전임자 | 어떤 직무나 임무를 앞서 맡아보던 사람 |
| • 吉則大凶 | 길즉대흉 | 점괘나 토정비결 따위에 나타난 신수가 썩 좋을 때는 오히려 아주 흉하다는 말 | • 凶則大吉 | 흉즉대길 | 점괘나 사주풀이 · 토정비결 등에 나타난 신수가 아주 나쁠 때는 오히려 정반대로 아주 좋다는 뜻 |
| • 賣出操作 | 매출조작 | 물건을 판매한 내역을 자기에게 유리하게 만듦 | • 買入操作 | 매입조작 | 물건을 매입한 내역을 자기에게 유리하게 만듦 |
| • 生年月日 | 생년월일 | 출생한 해와 달과 날 | • 卒年月日 | 졸년월일 | 죽은 해와 달과 날 |

# 5급 사자성어

- 家計調査 가계조사 국민의 생활 상태를 조사하기 위하여 각 가구(家口)의 수입, 지출의 균형을 조사하는 일
- 加工生産 가공생산 제 1차 산업의 생산물을 그 형태나 성질을 바꾸는 일
- 加工食品 가공식품 영양소를 함유한 천연물의 이용 가치를 높이기 위하여, 보존과 영양 섭취 등에서 인공을 가한 식료품
- 加速運動 가속운동 시간의 경과에 따라 그 속도를 더하는 물체의 운동
- 家財道具 가재도구 집안 살림에 쓰는 여러 물건
- 家族手當 가족수당 근로자의 생활 보조를 목적으로 하여 부양가족 수에 따라 월급 이외에 더 지급되는 돈
- 開國功臣 개국공신 나라를 새로 세울 때에 공로가 있는 신하
- 開店休業 개점휴업 개점은 하고 있으나 돈벌이가 잘 안 되어 휴업한 것과 같은 상태
- 建國理念 건국이념 나라를 세우는 데에 이상으로 삼는 근본 정신. 단군의 건국 이념은 '홍익인간' 이었음
- 格物致知 격물치지 사물의 이치를 연구하여 자기의 지식을 확고하게 함
- 見物生心 견물생심 물건을 보면 그것을 가지고 싶은 욕심이 생김
- 見習記者 견습기자 수습기자(修習記者)의 구칭
- 決死反對 결사반대 죽기를 각오하고 있는 힘을 다해 반대함
- 結合法則 결합법칙 덧셈이나 곱셈에서, 다르게 묶어 셈하더라도 그 값이 같다는 법칙. $(a+b)+c=a+(b+c)$ 또는 $(ab)c=a(bc)$ 등
- 競技種目 경기종목 경기 종류의 명목
- 敬老孝親 경로효친 어른을 공경하고 부모에게 효도함
- 敬天愛人 경천애인 하늘을 공경하고 사람을 사랑함
- 輕便鐵道 경편철도 궤도가 좁고 규모가 비교적 간단한 철도
- 高談放言 고담방언 남을 꺼리거나 두려워하지 않고, 제 하고 싶은 대로 소리 높여 떠드는 말
- 高等法院 고등법원 지방법원의 위이고 대법원의 아래인 법원
- 告示價格 고시가격 정부에서 정해 발표한 가격
- 固有文化 고유문화 어떤 나라나 민족이 원래부터 지녀오는 독특한 문화. ↔ 외래문화
- 古典文學 고전문학 예로부터 전하여 내려오는 가치 있고 훌륭한 문학
- 固定觀念 고정관념 그 사람의 마음속에 늘 자리하여 흔들리지 않는 의식이나 관념
- 空間曲線 공간곡선 3차원 공간 속에 있어, 한 평면 위에 놓이지 아니한 곡선
- 公共料金 공공요금 교통·전기·전화·수도 등의 국민 생활의 기본이 되는 국영 시설을 쓰는 데 대한 요금
- 公共財産 공공재산 국가기관이나 공공단체의 재산
- 共同目的 공동목적 관계된 모든 사람에게 공통된 목적
- 共同住宅 공동주택 여러 세대가 한 건축물 안에서 각각 독립 생활을 이룰 수 있게 지어진 주택, 연립주택, 아파트 따위
- 共同參加 공동참가 진행 중인 소송에서 그 판결이 자기에게 미친다고 생각하는 제삼자가 참여하는 일
- 工業規格 공업규격 모든 공업제품의 특성·모양·크기·강도 등을 결정하는 기술적 조건의 규격
- 工業都市 공업도시 주민의 생업이 주로 제조업인 도시
- 公正去來 공정거래 독점이나 불공평한 거래가 아닌 공정한 거래

• 共通因數　공통인수　둘 이상의 수나 식에 공통되는 인수

• 過失相規　과실상규　나쁜 행실을 하지 못하도록 서로 규제함

• 課外活動　과외활동　자치회, 연구회, 동아리처럼 학생들이 정규 교과목 학습 외에 하는 활동

• 觀光事業　관광사업　나라 사이의 상호 친선, 문화 교류 및 외화 획득 등의 효과를 기대하고 관광을 촉진하는 사업

• 觀賞植物　관상식물　보고 즐기는 목적으로 심어 가꾸는 나무나 풀

• 交流電流　교류전류　세기와 방향이 주기적으로 바뀌어 흐르는 전류

• 教養科目　교양과목　대학에서 전공과목 이외 이수해야 하는 일반 교양을 내용으로 한 학과목

• 交通道德　교통도덕　교통수단을 이용할 때 마땅히 지켜야 할 공중 도덕

• 口頭約束　구두약속　말로써 맺는 약속

• 國家元首　국가원수　나라를 다스리는 사람. 국제법에서 외국에 대하여 나라를 대표하는데, 군주국에서는 임금, 공화국에서는 대통령임

• 國家責任　국가책임　국제법 상의 법을 위반하였을 때 지는 국가의 책임

• 國利民福　국리민복　나라의 이익과 백성의 행복

• 國民發案　국민발안　일정 수의 국민이 헌법, 법률의 제정 등을 제안할 수 있는 제도

• 近世朝鮮　근세조선　'고려의 뒤를 이어 이성계가 한양에 도읍하여 세운 나라'를 고조선과 대비하여 일컫는 말(27대 519년 만에 망함)

• 今始初聞　금시초문　이제야 비로소 처음 들음

• 基本料金　기본요금　(어떤 설비나 서비스 따위를 이용하는 데) 기본적으로 내어야 하는 돈

• 汽車旅行　기차여행　기차를 타고 가는 여행

• 落花流水　낙화유수　(떨어지는 꽃과 흐르는 물이라는 뜻으로) '가는 봄의 정경(情景)'을 나타내는 말, 또는 '쇠잔영락(衰殘零落)'을 비유한 말

• 內陸地方　내륙지방　바다에 접하지 않고 육지 안에 들어 있는 지방

• 勞動貴族　노동귀족　수입이나 지위가 높아져서 의식과 생활이 자본가처럼 되어, 노동계급의 이익을 위한 싸움에 반대하거나 소극적으로 되어 버린 노동자

• 勞動市場　노동시장　노동력을 둘러싼 수요, 공급이 상호 작용하고 교섭하는 관계에서 성립되는 시장

• 勞動人口　노동인구　사회에서 일할 의지와 능력을 가진 만 14세 이상의 인구

• 能小能大　능소능대　작은 일에도 능하고 큰일에도 능하다는 데서 모든 일에 두루 잘하는 것을 이름

• 多才多能　다재다능　재주와 능력이 여러 가지로 많음

• 多情多感　다정다감　감수성이 예민하고 느끼는 바가 많음

• 團體訓練　단체훈련　단체적으로 받는 훈련

• 大同團結　대동단결　여러 집단이나 사람이 어떤 목적을 이루려고 크게 한 덩어리로 뭉침

• 大量生産　대량생산　발달된 기술을 써서 넓은 시장을 목표로 한 가지 물건을 한꺼번에 많이 만들어 냄

• 大書特筆　대서특필　(뚜렷이 드러나게 큰 글자로 쓴다는 뜻으로) 신문 따위의 출판물에서 어떤 기사에 큰 비중을 두어 다룸을 이르는 말

• 大失所望　대실소망　바라던 것이 아주 허사가 되어 크게 실망함

• 道德觀念　도덕관념　도덕에 관한 생각이나 줏대

• 道德教育　도덕교육　도덕을 이해시키고 실천 의사를 기르는 교육

• 都市景觀　도시경관　도시 공간에서 지형, 수목, 건축물, 도로 등의 구성물이 만들어 내는 경관(시각적, 표상적 측면에서 조화나 질서 등이 주요 과제가 됨)

• 獨立運動　독립운동　지배자나 집단에서 벗어나 독립을 쟁취하려는 정치적 운동

- 讀書三到 독서삼도 독서는 구도·안도·심도의 방법이 있음. 즉 입으로 다른 말을 아니하고, 눈으로는 딴 것을 보지 말고, 마음을 하나로 가다듬고 되풀이하여 읽으면, 그 참뜻을 깨닫게 된다는 말
- 同類意識 동류의식 사회를 이루는 기본으로서 다른 사람에 대하여 같은 무리라고 생각하는 의식
- 同文同種 동문동종 두 나라가 서로 문자와 인종이 같음
- 同化作用 동화작용 외부에서 섭취한 에너지원을 자체의 고유한 성분으로 변화시키는 일
- 頭寒足熱 두한족열 머리는 차게 두고 발은 덥게 하는 일
- 等比級數 등비급수 서로 이웃하는 항의 비율이 일정한 수열의 값들을 모두 더한 것. 1+2+4+8…
- 萬古不變 만고불변 오랜 세월을 두고 길이 변하지 않음
- 萬能選手 만능선수 어떠한 운동에도 뒤지지 않는 선수
- 萬里他國 만리타국 멀리 떨어져 있는 다른 나라
- 萬歲同樂 만세동락 영원히 오래도록 함께 즐김
- 亡命圖生 망명도생 망명하여 삶을 꾀함
- 亡命罪人 망명죄인 죄를 짓고 외국으로 망명한 죄인
- 無不通知 무불통지 무슨 일이든지 환히 통하여 모르는 것이 없음
- 民願書類 민원서류 억울한 일이나 고쳐야 할 사항 따위를 적어 국민이 해당 기관에 내는 서류
- 發行停止 발행정지 법령 위반으로 신문·잡지 등 정기 간행물 등의 발행을 일정한 기간 동안 정지시키는 처분
- 百科事典 백과사전 학술, 예술, 가정, 사회 등 모든 분야에 걸친 지식을 부문별 또는 자모순(字母順)으로 배열하여 항목마다 풀이한 사전
- 百年戰爭 백년전쟁 영국과 프랑스 사이의 싸움, 프랑스의 왕위 계승과 플랑드르 지방의 양모 공업을 둘러싸고 일어난 싸움으로 처음에는 영국이 우세했으나 프랑스의 승리로 끝남
- 白衣勇士 백의용사 (치료 중에 흰옷을 입는 데서 나온 말로) '전쟁하다가 다치거나 병든 군인' 을 가리키는 말
- 百戰老卒 백전노졸 (1) 많은 싸움을 겪은 노련한 군사 (2) 세상일을 많이 겪어 모든 일에 노련한 사람
- 法科大學 법과대학 법률학을 전문적으로 연구하는 대학
- 別有風景 별유풍경 보통 볼 수 없는 아주 좋은 풍경
- 奉仕活動 봉사활동 국가나 사회 또는 남을 위하여 자신을 돌보지 아니하고 힘 바쳐 애씀
- 父傳子傳 부전자전 대대로 아버지가 아들에게 전함
- 北窓三友 북창삼우 거문고, 술, 시를 아울러 이르는 말
- 不可入性 불가입성 두 개의 물체가 같은 시간에 같은 공간을 차지하지 못한다는 성질
- 不可形言 불가형언 말로는 이루 다 나타낼 수가 없음
- 不買運動 불매운동 어떤 물품을 사지 않는 운동
- 不問可知 불문가지 묻지 않아도 알 수 있음
- 不問曲直 불문곡직 옳고 그른 것을 묻지 않고, 무턱대고
- 不時着陸 불시착륙 날아가던 비행기가 기관 고장, 연료 부족, 나쁜 날씨 따위로 더 이상 날지 못하고 뜻하지 않은 곳에 내리는 일
- 不要不急 불요불급 필요하지도 급하지도 아니함
- 不必多言 불필다언 여러 말할 필요가 없음
- 不必再言 불필재언 두 번 다시 말할 필요가 없음
- 氷山一角 빙산일각 아주 많은 것 중에 조그마한 부분
- 氷河時代 빙하시대 지금으로부터 약 칠·팔십만 년 전쯤에 지구 상의 기후가 몹시 추워서 북반구의 대부분이 대규모의 빙하로 덮여 있던 시대

- 思考方式 사고방식 어떤 문제에 대해 생각하고 궁리하는 방법이나 태도
- 士農工商 사농공상 선비, 농부, 장인(匠人), 상인(商人)의 네 가지 신분을 아울러 이르던 말
- 四六半切 사륙반절 사륙판의 절반이 되는 인쇄물의 규격, 혹은 그런 인쇄물
- 事事件件 사사건건 해당되는 모든 일 또는 온갖 사건
- 事實無根 사실무근 근거가 없음, 또는 터무니없음
- 事親以孝 사친이효 어버이를 섬기기를 효도로써 함을 이름
- 三位一體 삼위일체 세 가지의 것이 하나의 목적을 위하여 통합되는 일
- 三寒四溫 삼한사온 7일을 주기로 사흘 동안 춥고 나흘 동안 따뜻함
- 相對速度 상대속도 움직이고 있는 관측자가 본 움직이는 다른 물체의 속도
- 上流社會 상류사회 신분·덕망·생활 수준 따위가 높은 사람들의 사회
- 商品廣告 상품광고 어떤 상품 또는 서비스를 소비자가 구입하도록 알리거나 권유하는 광고
- 生面不知 생면부지 이전에 만나 본 일이 없어 전혀 모르는 사람, 또는 그런 관계
- 西洋家具 서양가구 서양에서 수입하거나 서양식으로 만들어진 가구
- 石油産業 석유산업 원유의 탐사, 채굴, 수송, 정제, 판매 등을 하는 산업
- 石化作用 석화작용 탄산칼슘, 규산 따위가 죽은 생물의 뼈를 단단하게 화석화하는 작용
- 選擧運動 선거운동 선거 때에 특정 후보자를 당선시킬 목적으로 선거인을 대상으로 벌이는 여러 가지 활동
- 善男善女 선남선녀 성품이 착한 남자와 여자란 뜻으로, 착하고 어진 사람들을 이르는 말
- 善因善果 선인선과 선업을 쌓으면 반드시 좋은 일이 따름
- 雪中四友 설중사우 겨울에도 즐길 수 있는 네 가지 꽃, 옥매·납매·동백·수선
- 洗面道具 세면도구 세수하는 데 쓰는 여러 가지 물건
- 小賣價格 소매가격 물건을 소비자에게 직접 팔 때의 가격
- 消費都市 소비도시 생산에 직접적으로 관계되는 기능이나 시설은 적고, 소비층 주민이 대부분인 도시, 주로 정치, 군사, 관광 기능과 시설이 집중되어 있음
- 消費性向 소비성향 소득의 변화에 따라 소비가 변화하는 경향
- 消化不良 소화불량 (1) 과음 과식·부패물의 섭취, 감염증(感染症), 피로 등에 의해 음식물이 충분히 소화되지 않는 상태. 식욕 부진·복통·구토·설사 등을 볼 수 있음 (2) 지식이나 학문을 충분히 이해하지 못하고 몸에 익히지 못하는 일을 비유적으로 이르는 말
- 速戰速決 속전속결 싸움을 오래 끌지 아니하고 빨리 몰아쳐 이기고 짐을 결정함
- 首席代表 수석대표 여러 대표 중 우두머리가 되는 사람
- 時來運到 시래운도 때가 되어 운이 돌아옴
- 食品公害 식품공해 불량 식품, 부정 식품, 비위생적 식품 등으로 인한 공해
- 新舊交代 신구교대 (1) 새 것과 헌 것이 교대함 (2) 신관과 구관이 교체함
- 身世打令 신세타령 자기의 불우한 신세를 한탄하여 지껄임, 또는 그러한 이야기
- 新約時代 신약시대 그리스도가 세상에 난 때로부터 재림할 때까지의 시대
- 十年知己 십년지기 오래전부터 사귀어 온 친한 친구
- 兒童文學 아동문학 (1) 어린이를 대상으로 그들의 교육과 정서를 위하여 창작과 문학, 동요, 동시, 동화, 아동극 등
- 惡因惡果 악인악과 나쁜 짓을 하면 나쁜 결과가 따라옴
- 安分知足 안분지족 제 분수를 지키며 만족할 줄을 앎

- 野戰病院 야전병원 전선에서 다치거나 앓는 군인을 수용하여 치료하기 위해 전선에 가까운 후방에 설치한 병원
- 語不成說 어불성설 말이 조금도 이치에 맞지 않음
- 億萬長者 억만장자 헤아리기 어려울 만큼 많은 재산을 가진 사람
- 言文一致 언문일치 실제로 쓰는 말과 그 말을 적은 글이 일치함
- 言正理順 언정이순 말과 사리가 바름
- 言行一致 언행일치 말과 행동이 서로 같음
- 歷史小說 역사소설 역사적 사실 또는 인물을 주제로 하여 꾸민 소설
- 屋外集會 옥외집회 집 밖에서 하는 모임
- 外交使節 외교사절 외교 교섭을 하기 위하여 외국에 파견되는 국가의 대표자 또는 기관
- 外來患者 외래환자 '병원에 와서 진찰 또는 치료를 받는 사람'을 입원 환자에 상대하여 일컫는 말
- 勇氣百倍 용기백배 격려나 응원 따위에 자극을 받아 힘이나 용기를 더 냄
- 用不用說 용불용설 생물의 몸에서, 잘 쓰이는 부분은 발달하는 반면에 잘 쓰이지 않는 부분은 퇴화하여 그것이 진화의 현상을 나타낸다고 하는, 라마르크가 주장한 학설
- 雨順風調 우순풍조 비가 오고 바람이 부는 것이 때와 양이 알맞음
- 運動法則 운동법칙 물체의 운동에 관한 역학적 기본 원칙(첫째는 관성 법칙, 둘째는 가속도 법칙, 셋째는 작용·반작용의 법칙)
- 運數不吉 운수불길 운수가 좋지 못함
- 運數所關 운수소관 모두가 운수에 달린 일이라 사람의 힘으로는 어찌할 수 없다는 말
- 元氣不足 원기부족 몸과 마음의 기운이 없음
- 原始時代 원시시대 문화가 아직 시작되지 아니하였던 미개 야만의 시대
- 遠洋漁業 원양어업 원양어선으로 물고기의 저장 · 가공의 설비를 갖추어 수개월씩 바다를 항해하며 하는 어업
- 原子番號 원자번호 각 원소가 주기율표에서 차지하는 위치의 순위를 표현하는 수, 원자핵 속에 있는 양성자의 수와 같음
- 有口無言 유구무언 입은 있으나 말이 없다는 뜻으로, 변명할 말이 없거나 변명을 하지 못함을 이름
- 有名無實 유명무실 이름만 그럴듯하고 실속은 없음
- 有史以來 유사이래 역사가 시작된 뒤
- 有始有終 유시유종 처음이 있고 끝도 있다는 의미로 시작한 일을 끝까지 마침을 이르는 말
- 有效期間 유효기간 유효한 기간
- 陸上競技 육상경기 달리기·뜀뛰기·던지기를 기본으로 하는 땅 위 운동경기
- 六十分法 육십분법 각도의 단위를 정하는 법(직각의 90분의 1을 1도, 1도의 60분의 1을 1분, 1분의 60분의 1을 1초로 함)
- 陸海空軍 육해공군 육군과 해군과 공군
- 音節文字 음절문자 (한글과 같은 음운 조직을 가지지 않고) 한 음절이 한 글자로 되어 있어 그 이상은 나눌 수 없는 표음 문자(일본의 가나 따위)
- 耳目口鼻 이목구비 귀, 눈, 입, 코를 함께 이르는 말
- 二部合唱 이부합창 (1) 두 개의 성부를 각각 두 사람 이상이 맡아 노래하는 합창 (2) 이중창
- 以實直告 이실직고 사실 그대로 고함
- 二重性格 이중성격 두 가지의 서로 모순되는 성질을 가진 성격
- 利害打算 이해타산 이해관계를 이모저모 따져 헤아리는 일
- 人相着衣 인상착의 사람의 생김새와 옷차림
- 一擧一動 일거일동 하나하나의 동작이나 움직임
- 一念通天 일념통천 온 마음을 기울여 하늘을 감동시킴
- 日曜學校 일요학교 기독교 등에서 일요일에 신도를 모아 놓고 종교 교육을 하는 학교. 주일학교(主日學校). 교회학교

• 一字無識 일자무식 글자를 한 자도 모를 정도로 무식함

• 一場訓示 일장훈시 한바탕의 가르쳐 타이름

• 入國許可 입국허가 상대국으로부터 받는 입국해도 좋다는 허가

• 立體朗讀 입체낭독 소설 따위를 낭독할 때, 대화 장면에서 등장인물별로 대사를 각기 따로 읽고 또한 효과나 음악 같은 것도 넣어 실감나게 하는 낭독

• 自古以來 자고이래 예로부터 지금까지의 과정

• 自給自足 자급자족 필요한 물자를 스스로 생산하여 충당함

• 自己反省 자기반성 자기가 한 일을 스스로 반성하는 것

• 自願奉仕 자원봉사 대가 없이 자기 스스로 나서서 사회 또는 남을 위해 애쓰는 것

• 自由落下 자유낙하 정지(靜止)하고 있던 물체가 중력(重力)의 작용으로 아래 방향으로 낙하하는 운동

• 自由意思 자유의사 다른 사람에게 속박이나 강제 당함이 없는 자유로이 가지는 생각

• 自行自止 자행자지 제 마음대로 하고 싶으면 하고 하기 싫으면 아니함

• 赤十字社 적십자사 적십자 조약에 따라 설립되어 본부를 제네바에 둔 국제적인 민간 조직 기구. 전시에는 병자의 구호, 평시에는 재해, 질병의 구조와 예방 따위를 목적으로 함

• 前無後無 전무후무 전에도 없었고 앞으로도 있을 수 없음

• 展示效果 전시효과 (1) 소비가 자신의 소득 수준에 따르지 않고 타인의 모방에 의하여 증대되는 사회적, 심리적 효과 (2) 정치 지도자가 대내외적(對內外的)으로 자신의 업적을 과시하기 위해 실질 효과가 크지도 않은 상징적인 사업을 실시하는 일 등을 이름

• 戰爭英雄 전쟁영웅 전쟁에 뛰어나고 용맹하여 보통 사람이 하기 어려운 일을 해내는 사람

• 全知全能 전지전능 모든 것을 다 알고, 모든 것에 능함

• 朝變夕改 조변석개 아침·저녁으로 뜯어고침, 곧 일을 자주 뜯어고침

• 操心操心 조심조심 매우 조심스럽게 행동하는 모양

• 終身年金 종신연금 권리자가 죽을 때까지 해마다 일정 금액을 받을 수 있는 연금

• 種種色色 종종색색 가지각색. 여러 가지

• 主客一體 주객일체 주인과 손이 한 몸이라는 데서, 나와 나 밖의 대상이 하나가 됨을 말함

• 週期運動 주기운동 일정한 시간마다 꼭 같은 상태(위치, 속도, 가속도)가 되풀이 되는 운동

• 州立大學 주립대학 주의 예산으로 세워 관리·운영하는 대학

• 週末旅行 주말여행 휴양 차 주말에 떠나는 여행

• 中間考査 중간고사 학기 중간에 실시하는 학력고사. 중간시험

• 中間商人 중간상인 생산자와 소비자의 사이에서 상품의 공급과 매매를 맡아 이익을 얻는 상인

• 中間宿主 중간숙주 기생충이 성숙하기까지 몇 단계의 숙주를 거칠 때 마지막 숙주 이외의 모든 숙주

• 知過必改 지과필개 자신이 한 일의 잘못을 알면 반드시 고쳐야 함

• 知識產業 지식산업 대중의 정신적, 지적 욕구를 충족시키기 위한 산업, 신문, 통신, 영화, 음악, 출판, 방송 등

• 知行合一 지행합일 지식과 행동이 서로 맞음

• 質問紙法 질문지법 조사·연구하려는 사항에 대하여 미리 준비한 질문으로 많은 대답을 얻어 집계하고 분석하는 방법

• 集團學習 집단학습 개별적 학습에 대해 학습자 상호간의 협동으로 추진되는 학습(협조 정신, 사회적인 개인 역할 등이 체득됨)

• 千軍萬馬 천군만마 아주 많은 수의 군사와 군마

- 千萬不當 천만부당 '천부당 만부당'의 준말. 아주 부당함을 이르는 말
- 天文學的 천문학적 (1) 천문학에 기초한 것 (2) (천문학에서 다루는 수와 같이) 수가 엄청난 것
- 天災地變 천재지변 지진, 홍수, 태풍 등의 자연현상으로 일어나는 재앙
- 天下一品 천하일품 세상에 오직 하나밖에 없는 물품. 또는 다른 것과 견줄 만한 것이 없을 정도로 뛰어난 물품
- 鐵窓身世 철창신세 감옥에 갇히는 신세
- 青山流水 청산유수 푸른 산에 흐르는 맑은 물이라는 뜻으로, 막힘없이 썩 잘하는 말을 비유적으로 이르는 말
- 體質改善 체질개선 (1) 허약하거나 나쁜 체질을 좋게 바꾸는 일 (2) 낡은 사고방식이나 인식 따위를 고쳐 새롭게 하는 일
- 初等數學 초등수학 수학의 초등 부분(산수, 이차방정식까지의 이론을 포함하는 대수학, 유클리드 기하학 및 평면 삼각법의 총칭)
- 最大速力 최대속력 최대한의 빠르기
- 秋風落葉 추풍낙엽 가을바람에 흩어져 떨어지는 낙엽
- 卓上時計 탁상시계 책상 위에 놓고 보는 시계, 밑이 넓거나 발이 달려 있음
- 炭水化物 탄수화물 주로 식물의 광합성 작용으로 생기는 포도당·과당·녹말 따위를 통틀어 일컫는 말
- 特別命令 특별명령 개인 또는 몇몇 사람에게만 적용되는 군사 명령
- 特別任用 특별임용 일정한 자격이나 조건에 의하지 않고 특정한 사람을 고용하는 일
- 敗家亡身 패가망신 집안의 재산을 다 써서 없애고 몸을 망침
- 平價切下 평가절하 (1) 본위 화폐에 포함된 순금의 양을 줄이는 일 (2) 화폐 단위의 가치를 내리는 일
- 風雨大作 풍우대작 바람이 몹시 불고 비가 많이 옴
- 夏期放學 하기방학 여름의 더운 때에 학교에서 한동안 수업을 쉬는 일
- 韓國料理 한국요리 한국에서 발달한 고유하고도 전통적인 요리
- 海水浴場 해수욕장 해수욕을 할 수 있는 시설이 갖추어져 있는 곳
- 海外貯金 해외저금 다른 나라에서 사는 국민을 위하여 금전 출납의 편의를 베푼 우편 저금
- 行旅病者 행려병자 여행 중에 병들었으나 치료해 줄 이가 없는 사람
- 行雲流水 행운유수 (1) 떠가는 구름과 흐르는 물 (2) 글을 짓거나 말을 하는 데 막힘이 없이 술술 풀림
- 現金賣買 현금매매 물건을 사고팔 때 그 자리에서 현금을 치르는 일
- 化石人類 화석인류 지질 시대나 구석기 시대에 살아 현재 화석으로 발견되는 인류
- 花中神仙 화중신선 ('꽃 중의 신선'이라는 뜻으로) '해당화'를 달리 일컫는 말
- 凶惡無道 흉악무도 성질이 사납고 악하며 도리에 어그러짐
- 凶則大吉 흉즉대길 점괘나 사주 풀이·토정비결 등에 나타난 신수가 아주 나쁠 때는 오히려 정반대로 아주 좋다는 뜻
- 黑風白雨 흑풍백우 흑풍이 몹시 부는 가운데 쏟아지는 소나기

음을 가리고
한자 읽기를
연습해 보세요!

단 한 권으로 5급 한자능력시험 완벽대비!

# 한자도둑 급수격파

# 정답

• 1~5장 시험격파

• 한자능력검정시험 5급 모의시험 I, II, III

자신의 실력을
확인해 보고, 틀린 것은 다시
한 번 복습하세요!

# 시험격파 정답

## 1장 5급 한자 001-040 42~43쪽

1 (1) 절친 (2) 필승
2 (1) 신선 선 (2) 찰 랭(냉)
3 (1) 1(번째 획) (2) 5(번째 획)
4 (1) 因數(인수) (2) 加算(가산)
5 (1) ② (2) ①
6 (1) ② (동화작용) (2) ③ (빙산일각) (3) ⑧ (자고이래) (4) ⑤ (선사시대)
7 ④, ⑤ • 牛 : 소 우, 比 : 견줄 비, 打 : 칠 타
8 (1) 士 (사병) (2) 曲 (가곡) (3) 令 (명령)
9 (1) 다시 한 번 생각함 (2) 사람이 살 수 있게 지은 집
(3) 학교에서 같이 공부하는 벗
10 (1) 国 (2) 会

## 2장 5급 한자 041-080 68~69쪽

1 (1) 탁구 (2) 고유문화
2 (1) 재주 기 (2) 생각 사
3 (1) ④ (2) ①
4 (1) 4 (번째 획) (2) 3 (번째 획)
5 (1) 雨天(우천) (2) 考査(고사)
6 ③, ④ • 汽 : 증기 기, 災 : 재앙·화재 재, 建 : 세울 건
7 (1) ① (백과사전) (2) ③ (국어문법) (3) ② (문일지십) (4) ⑤ (초등교육)
8 (1) 性別 (2) 改良 (3) 決心
9 (1) 全 (완전) (2) 童 (아동) (3) 家 (가옥)
10 (1) 学 (2) 卆

## 3장 5급 한자 081-120 94~95쪽

1 (1) 축가 (2) 유행어
2 (1) 섬 도 (2) 클 위
3 (1) ② (2) ③
4 (1) 原因(원인) (2) 首席(수석)
5 (1) ⑦ (용기백배) (2) ⑤ (패가망신) (3) ④ (유효숫자) (4) ② (가공생산)
6 (1) ② (병환) (2) ③ (가창) (3) ① (격식)
7 ③ (머무를 정)
8 (1) 모든 일에 능숙함 (2) 밝고 활달함
(3) 어떤 지역에서 특별히 생산된 물품
9 (1) 参 (2) 战
10 (1) 5 (번째 획) (2) 4 (번째 획)

## 4장 5급 한자 121-160 120~121쪽

1 (1) 과반수 (2) 신대륙
2 (1) 붓 필 (2) 마땅할 당
3 (1) 일주일의 끝 (2) 금융 기관에 돈을 맡겨 저축함 (3) 나쁜 버릇
4 (1) ③ (2) ①
5 (1) ① (2) ④
6 (1) ⑥ (풍경화가) (2) ① (자급자족) (3) ⑦ (행사순서) (4) ③ (경로효친)
7 ①, ⑤ • 最 : 가장 최, 規 : 법 규, 魚 : 물고기 어
8 (1) 步 (2) 伝
9 (1) 用 (비용) (2) 邑 (도읍) (3) 惡 (흉악)
10 (1) 8 (번째 획) (2) 9 (번째 획)

## 〈알쏭달쏭 한자퀴즈〉 풀이 122쪽

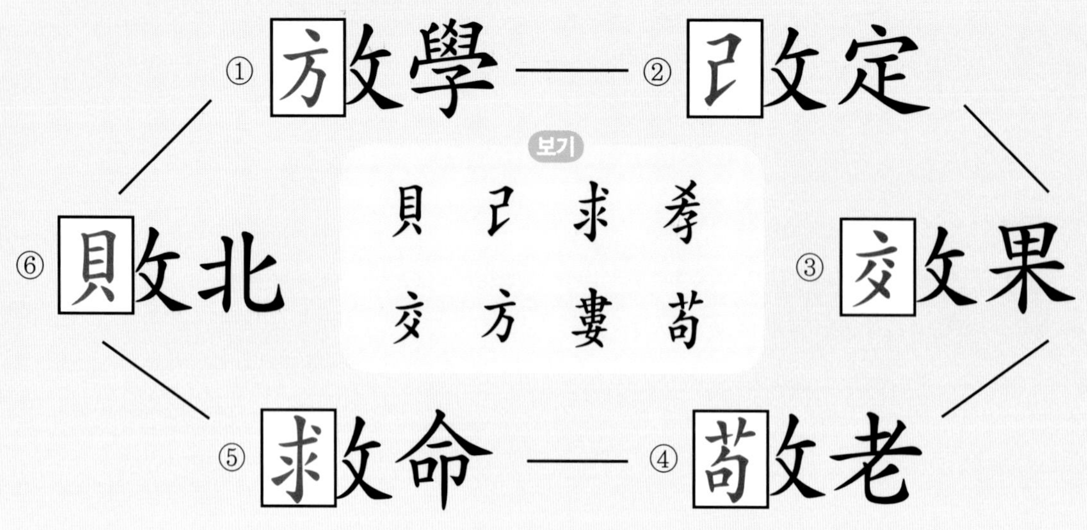


① 방학 ② 개정 ③ 효과 ④ 경로 ⑤ 구명 ⑥ 패배

## 5장 5급 한자 161-200 146~147쪽

1 (1) 영해 (2) 교단
2 (1) 코 비 (2) 잡을 조
3 (1) 7 (번째 획) (2) 9 (번째 획)
4 (1) ② (2) ④
5 ① •億 : 억 억, 鮮 : 고울 선, 福 : 복 복, 願 : 원할 원
6 (1) ⑦ (일자무식) (2) ① (독립운동) (3) ⑤ (어불성설) (4) ③ (천재지변)
7 (1) 幸福 (2) 節氣 (3) 歷史
8 (1) 鉄 (2) 変
9 (1) 獨子 (독자) (2) 教養 (교양)
10 (1) 争 (경쟁) (2) 知 (지식) (3) 習 (연습)

# 한자능력검정시험 5급 모의시험 I 정답

| 1 | 관광객 | 26 | 세비 | 51 | 목욕할 **욕** | 76 | 馬 |
|---|---|---|---|---|---|---|---|
| 2 | 실행 | 27 | 허가 | 52 | 씨 **종** | 77 | 淸 |
| 3 | 사고 | 28 | 염두 | 53 | 널빤지 **판** | 78 | 相 |
| 4 | 원유 | 29 | 안건 | 54 | 가릴 **선** | 79 | 前 또는 先 |
| 5 | 한복 | 30 | 재해 | 55 | 마땅할 **당** | 80 | 來 |
| 6 | 최고 | 31 | 단속 | 56 | 갖출, 그릇 **구** | 81 | 晝 |
| 7 | 순서 | 32 | 완성 | 57 | 구원할 **구** | 82 | ④ |
| 8 | 필요 | 33 | 명랑 | 58 | 법 **규** | 83 | ⑤ |
| 9 | 신록 | 34 | 고전 | 59 | 運動 | 84 | ② |
| 10 | 실패 | 35 | 합격 | 60 | 讀書 | 85 | ⑦ |
| 11 | 명령 | 36 | 처음 **초** | 61 | 每月 | 86 | ① |
| 12 | 상가 | 37 | 가게 **점** | 62 | 方向 | 87 | ⑥ |
| 13 | 역사 | 38 | 낳을 **산** | 63 | 勝利 | 88 | ④ |
| 14 | 지식 | 39 | 복 **복** | 64 | 左右 | 89 | ④, ⑨ |
| 15 | 도읍 | 40 | 잡을 **조** | 65 | 主人 | 90 | ②, ⑪ |
| 16 | 성질 | 41 | 재물 **재** | 66 | 秋夕 | 91 | ③, ⑦ |
| 17 | 석탄 | 42 | 값 **가** | 67 | 時間 | 92 | ② |
| 18 | 정치 | 43 | 다리 **교** | 68 | 花草 | 93 | ④ |
| 19 | 학업 | 44 | 해할 **해** | 69 | 正答 | 94 | ⑦ |
| 20 | 여객선 | 45 | 곱 **배** | 70 | 平和 | 95 | 战 |
| 21 | 어류 | 46 | 쇠 **철** | 71 | 音樂 | 96 | 数 |
| 22 | 봉사 | 47 | 집, 지붕 **옥** | 72 | 急行 | 97 | 対 |
| 23 | 독도 | 48 | 빛날 **요** | 73 | 命中 | 98 | ④ |
| 24 | 졸업 | 49 | 더울 **열** | 74 | 聞 | 99 | ⑧ |
| 25 | 타석 | 50 | 과녁, 접미사 **적** | 75 | 弟 | 100 | ⑨ |

# 한자능력검정시험 5급 모의시험 II 정답

| 1 | 가격 | 26 | 자원 | 51 | 고를 **조** | 76 | 衣 |
|---|---|---|---|---|---|---|---|
| 2 | 패자 | 27 | 약속 | 52 | 예, 오랠 **구** | 77 | 夏 |
| 3 | 견문 | 28 | 거래 | 53 | 일할 **로(노)** | 78 | 愛 |
| 4 | 선장 | 29 | 낙엽 | 54 | 날랠 **용** | 79 | 重 |
| 5 | 효과 | 30 | 통로 | 55 | 높을, 뛰어날 **탁** | 80 | 入 |
| 6 | 냉해 | 31 | 덕담 | 56 | 꽃부리 **영** | 81 | 終 또는 末 |
| 7 | 감정 | 32 | 종류 | 57 | 생각 **념(염)** | 82 | ⑤ |
| 8 | 관광 | 33 | 야구 | 58 | 클 **위** | 83 | ④ |
| 9 | 친구 | 34 | 재산 | 59 | 來日 | 84 | ⑦ |
| 10 | 세수 | 35 | 최선 | 60 | 始作 | 85 | ② |
| 11 | 법원 | 36 | 배 **선** | 61 | 萬年雪 | 86 | ③ |
| 12 | 기술 | 37 | 헤아릴 **량(양)** | 62 | 答安紙 | 87 | ④ |
| 13 | 동화 | 38 | 근심, 병 **환** | 63 | 花草 | 88 | ① |
| 14 | 여행 | 39 | 값 **가** | 64 | 少女 | 89 | ④, ⑨ |
| 15 | 연습 | 40 | 전할 **전** | 65 | 江山 | 90 | ⑤, ⑩ |
| 16 | 선거 | 41 | 넓을 **광** | 66 | 方向 | 91 | ①, ⑪ |
| 17 | 상품 | 42 | 변할 **변** | 67 | 孝道 | 92 | ④ |
| 18 | 악성 | 43 | 재앙 **재** | 68 | 主人 | 93 | ② |
| 19 | 선녀 | 44 | 고기 잡을 **어** | 69 | 每日 | 94 | ① |
| 20 | 책임 | 45 | 쌓을 **저** | 70 | 急行 | 95 | 号 |
| 21 | 독특 | 46 | 신하 **신** | 71 | 老人 | 96 | 発 |
| 22 | 주말 | 47 | 고울 **선** | 72 | 市內 | 97 | 広 |
| 23 | 지하철 | 48 | 석 **삼** | 73 | 學業 | 98 | ⑦ |
| 24 | 의원 | 49 | 공경 **경** | 74 | 急 | 99 | ⑤ |
| 25 | 열정 | 50 | 머무를 **정** | 75 | 習 | 100 | ⑤ |

# 한자능력검정시험 5급 모의시험 Ⅲ 정답

| 1 | 변화 | 26 | 선수 | 51 | 판, 국 **국** | 76 | 族 |
|---|---|---|---|---|---|---|---|
| 2 | 서점 | 27 | 덕망 | 52 | 법, 책 **전** | 77 | 親 |
| 3 | 단결 | 28 | 온기 | 53 | 차례 **서** | 78 | 萬 |
| 4 | 열망 | 29 | 역사 | 54 | 베낄 **사** | 79 | 發 |
| 5 | 영웅 | 30 | 요지 | 55 | 숯 **탄** | 80 | 白 |
| 6 | 환자 | 31 | 입석 | 56 | 가벼울 **경** | 81 | 賣 |
| 7 | 각도 | 32 | 산출 | 57 | 칠 **타** | 82 | ⑦ |
| 8 | 통과 | 33 | 시절 | 58 | 편안 **안** | 83 | ③ |
| 9 | 개선 | 34 | 구급차 | 59 | 老少 | 84 | ⑥ |
| 10 | 병원 | 35 | 조선 | 60 | 登校 | 85 | ④ |
| 11 | 귀중 | 36 | 선비 **사** | 61 | 昨年 | 86 | ③ |
| 12 | 흉가 | 37 | 다툴 **쟁** | 62 | 新聞 | 87 | ⑤ |
| 13 | 불편 | 38 | 다다를 **도** | 63 | 銀行 | 88 | ④ |
| 14 | 도착 | 39 | 물 **하** | 64 | 大洋 | 89 | ②, ⑦ |
| 15 | 가속 | 40 | 귀 **이** | 65 | 始作 | 90 | ⑥, ⑩ |
| 16 | 노사 | 41 | 볕 **경** | 66 | 集中 | 91 | ①, ⑧ |
| 17 | 독립 | 42 | 장사 **상** | 67 | 放學 | 92 | ④ |
| 18 | 재고 | 43 | 길할 **길** | 68 | 清白戰 | 93 | ② |
| 19 | 품목 | 44 | 완전할 **완** | 69 | 江山 | 94 | ⑤ |
| 20 | 약속 | 45 | 능할 **능** | 70 | 戰士 | 95 | 画 |
| 21 | 적색 | 46 | 벗 **우** | 71 | 民心 | 96 | 気 |
| 22 | 표현 | 47 | 허락할 **허** | 72 | 便利 | 97 | 区 |
| 23 | 형식 | 48 | 소 **우** | 73 | 幸運 | 98 | ④ |
| 24 | 정지 | 49 | 잘 **숙** | 74 | 清 | 99 | ⑤ |
| 25 | 유가 | 50 | 인할 **인** | 75 | 切 | 100 | ⑫ |

# 가나다 순으로 찾기

| 한자 | 뜻 | 음 | 급수 |
|---|---|---|---|
| 成 | 이룰 | 성 | 6급-057 |
| 世 | 세대, 세상, 인간 | 세 | 7급-092 |
| 歲 | 해 | 세 | 5급-153 |
| 洗 | 씻을 | 세 | 5급-081 |
| 小 | 작을 | 소 | 8급-039 |
| 少 | 적을, 젊을 | 소 | 7급-028 |
| 所 | 바, 곳 | 소 | 7급-038 |
| 消 | 사라질 | 소 | 6급-040 |
| 束 | 묶을, 약속할 | 속 | 5급-048 |
| 速 | 빠를 | 속 | 6급-099 |
| 孫 | 손자 | 손 | 6급-085 |
| 手 | 손 | 수 | 7급-030 |
| 數 | 셈 | 수 | 7급-075 |
| 樹 | 나무 | 수 | 6급-125 |
| 水 | 물 | 수 | 8급-014 |
| 首 | 머리 | 수 | 5급-086 |
| 宿 | 잘 | 숙 | 5급-112 |
| 順 | 순할 | 순 | 5급-149 |
| 術 | 재주, 꾀 | 술 | 6급-089 |
| 習 | 익힐 | 습 | 6급-128 |
| 勝 | 이길 | 승 | 6급-073 |
| 始 | 비로소 | 시 | 6급-012 |
| 市 | 시장, 도시 | 시 | 7급-086 |
| 時 | 때 | 시 | 7급-080 |
| 示 | 보일 | 시 | 5급-026 |
| 式 | 법, 예식 | 식 | 6급-143 |
| 植 | 심을 | 식 | 7급-095 |
| 識 | 알 | 식 | 5급-193 |
| 食 | 밥, 먹을 | 식 | 7급-063 |
| 信 | 믿을 | 신 | 6급-016 |
| 新 | 새 | 신 | 6급-147 |
| 神 | 귀신, 신령 | 신 | 6급-086 |
| 臣 | 신하 | 신 | 5급-037 |
| 身 | 몸 | 신 | 6급-079 |
| 失 | 잃을 | 실 | 6급-103 |
| 室 | 방, 집 | 실 | 8급-034 |
| 實 | 열매 | 실 | 5급-160 |
| 心 | 마음 | 심 | 7급-005 |
| 十 | 열 | 십 | 8급-010 |

ㅇ

| 한자 | 뜻 | 음 | 급수 |
|---|---|---|---|
| 兒 | 아이 | 아 | 5급-056 |
| 樂 | 노래 | 악 | 6급-039 |
| 惡 | 악할 | 악 | 5급-130 |
| 安 | 편안 | 안 | 7급-061 |
| 案 | 책상, 생각할 | 안 | 5급-096 |
| 愛 | 사랑 | 애 | 6급-068 |
| 夜 | 밤 | 야 | 6급-113 |
| 野 | 들 | 야 | 6급-043 |
| 弱 | 약할 | 약 | 6급-018 |
| 約 | 약속할, 대략 | 약 | 5급-084 |
| 藥 | 약 | 약 | 6급-050 |
| 洋 | 큰 바다 | 양 | 6급-138 |
| 陽 | 볕 | 양 | 6급-007 |
| 養 | 기를 | 양 | 5급-182 |
| 漁 | 고기 잡을 | 어 | 5급-161 |
| 語 | 말할 | 어 | 7급-100 |
| 魚 | 고기, 물고기 | 어 | 5급-126 |
| 億 | 억 | 억 | 5급-169 |
| 言 | 말씀 | 언 | 6급-104 |
| 業 | 업, 생계 | 업 | 6급-067 |
| 然 | 그럴 | 연 | 7급-098 |
| 熱 | 더울 | 열 | 5급-173 |
| 葉 | 잎 | 엽 | 5급-157 |
| 永 | 길 | 영 | 6급-069 |
| 英 | 꽃부리, 빼어날 | 영 | 6급-026 |
| 惡 | 미워할 | 오 | 5급-130 |
| 五 | 다섯 | 오 | 8급-005 |
| 午 | 낮 | 오 | 7급-057 |
| 屋 | 집, 지붕 | 옥 | 5급-077 |
| 溫 | 따뜻할 | 온 | 6급-046 |
| 完 | 완전할 | 완 | 5급-043 |
| 王 | 임금 | 왕 | 8급-038 |
| 外 | 바깥 | 외 | 8급-037 |
| 樂 | 좋아할 | 요 | 6급-039 |
| 曜 | 빛날 | 요 | 5급-191 |
| 要 | 요긴할, 구할 | 요 | 5급-085 |
| 浴 | 목욕할 | 욕 | 5급-098 |
| 勇 | 날랠 | 용 | 6급-033 |
| 用 | 쓸, 부릴 | 용 | 6급-009 |
| 友 | 벗 | 우 | 5급-008 |
| 右 | 오른쪽 | 우 | 7급-007 |
| 牛 | 소 | 우 | 5급-011 |
| 雨 | 비 | 우 | 5급-073 |
| 運 | 움직일 | 운 | 6급-148 |
| 雲 | 구름 | 운 | 5급-048 |
| 雄 | 수컷 | 웅 | 5급-147 |
| 元 | 으뜸 | 원 | 5급-004 |
| 原 | 근본, 벌판 | 원 | 5급-088 |
| 園 | 동산 | 원 | 6급-065 |
| 遠 | 멀 | 원 | 6급-070 |
| 院 | 집, 관청 | 원 | 5급-103 |
| 願 | 원할 | 원 | 5급-196 |
| 月 | 달 | 월 | 8급-012 |
| 位 | 자리 | 위 | 5급-038 |
| 偉 | 클 | 위 | 5급-106 |
| 有 | 있을 | 유 | 7급-084 |
| 油 | 기름 | 유 | 6급-032 |
| 由 | 말미암을 | 유 | 6급-088 |
| 育 | 기를 | 육 | 7급-066 |
| 銀 | 은 | 은 | 6급-071 |
| 音 | 소리 | 음 | 6급-041 |
| 飮 | 마실 | 음 | 6급-049 |
| 邑 | 고을 | 읍 | 7급-058 |
| 意 | 뜻 | 의 | 6급-023 |
| 衣 | 옷 | 의 | 6급-003 |
| 醫 | 의원 | 의 | 6급-072 |
| 二 | 두 | 이 | 8급-002 |
| 以 | 써 | 이 | 5급-016 |
| 耳 | 귀 | 이 | 5급-036 |
| 人 | 사람 | 인 | 8급-021 |
| 因 | 인할 | 인 | 5급-031 |
| 一 | 한 | 일 | 8급-001 |
| 日 | 날 | 일 | 8급-011 |
| 任 | 맡길 | 임 | 5급-028 |
| 入 | 들 | 입 | 7급-026 |

ㅈ

| 한자 | 뜻 | 음 | 급수 |
|---|---|---|---|
| 子 | 아들 | 자 | 7급-002 |
| 字 | 글자 | 자 | 7급-052 |
| 者 | 사람, 놈 | 자 | 6급-075 |
| 自 | 스스로 | 자 | 7급-023 |
| 作 | 지을, 일으킬 | 작 | 6급-013 |
| 昨 | 어제 | 작 | 6급-076 |
| 場 | 마당 | 장 | 7급-087 |
| 章 | 글 | 장 | 6급-148 |
| 長 | 긴 | 장 | 8급-042 |
| 再 | 두, 거듭할 | 재 | 5급-029 |
| 在 | 있을 | 재 | 6급-082 |
| 才 | 재주 | 재 | 6급-027 |
| 材 | 재목 | 재 | 5급-049 |
| 災 | 재앙, 화재 | 재 | 5급-052 |
| 財 | 재물 | 재 | 5급-102 |
| 爭 | 다툴 | 쟁 | 5급-070 |
| 貯 | 쌓을 | 저 | 5급-143 |
| 的 | 과녁, 접미사 | 적 | 5급-071 |
| 赤 | 붉을 | 적 | 5급-055 |
| 傳 | 전할 | 전 | 5급-151 |
| 全 | 온통, 모두 | 전 | 7급-097 |
| 典 | 법, 책 | 전 | 5급-058 |
| 前 | 앞 | 전 | 7급-019 |

展 펼 전 5급-090
戰 싸울 전 6급-037
電 번개 전 7급-048
切 끊을 절 5급-006
節 마디 절 5급-174
店 가게 점 5급-064
停 머무를 정 5급-107
定 정할 정 6급-108
庭 뜰, 집안 정 6급-064
情 뜻, 정 정 5급-113
正 바를 정 7급-044
弟 아우 제 8급-025
第 차례 제 6급-124
題 제목 제 6급-110
操 잡을 조 5급-184
朝 아침 조 6급-129
祖 할아비 조 7급-089
調 고를 조 5급-178
族 겨레 족 6급-112
足 발 족 7급-031
卒 군사, 마칠 졸 5급-060
種 씨 종 5급-163
終 마칠 종 5급-120
左 왼쪽 좌 7급-006
罪 허물 죄 5급-155
主 주인 주 7급-029
住 살 주 7급-037
州 고을 주 5급-033
晝 낮 주 6급-130
注 물댈 주 6급-031
週 주일 주 5급-144
中 가운데 중 8급-026
重 무거울 중 7급-064
則 곧(어조사) 즉 5급-074
識 적을 지 5급-193
地 땅 지 7급-013
止 그칠 지 5급-009
知 알, 깨달을 지 5급-072
紙 종이 지 7급-073
直 곧을 직 7급-093
質 바탕 질 5급-181
集 모을 집 6급-136

ㅊ

車 수레 차 7급-025
着 붙을 착 5급-139
參 참여할 참 5급-108
唱 부를 창 5급-110
窓 창 창 6급-042
責 꾸짖을 책 5급-124
千 일천 천 7급-003
天 하늘 천 7급-012
川 내 천 7급-004
鐵 쇠 철 5급-198
淸 맑을 청 6급-118
靑 푸를 청 8급-043
切 온통 체 5급-006
體 몸, 형상 체 6급-025
初 처음 초 5급-041
草 풀 초 7급-085
寸 마디 촌 8급-040
村 마을 촌 7급-034
最 가장 최 5급-132
秋 가을 추 7급-016
祝 빌 축 5급-099
春 봄 춘 7급-014
出 날 출 7급-011
充 가득할 충 5급-017
致 이를 치 5급-101
則 곧(어조사) 칙 5급-074
親 친할, 어버이 친 6급-111
七 일곱 칠 8급-007

ㅌ

他 다를 타 5급-013
打 칠 타 5급-023
卓 뛰어날, 탁자 탁 5급-061
度 헤아릴 탁 6급-046
炭 숯 탄 5급-082
太 클 태 6급-006
宅 집 택 5급-032
土 흙 토 8급-017
通 통할 통 6급-021
特 특별할 특 6급-107

ㅍ

板 널빤지 판 5급-067
八 여덟 팔 8급-008
敗 패할 패 5급-116
便 편할 편 7급-083
平 평평할 평 7급-060
表 겉 표 6급-094
品 물건, 품격 품 5급-075
風 바람, 풍속 풍 6급-038
必 반드시 필 5급-022
筆 붓 필 5급-136

ㅎ

下 아래, 내릴 하 7급-077
夏 여름 하 7급-015
河 물 하 5급-069
學 배울 학 8급-027
寒 찰 한 5급-129
漢 한나라, 사나이 한 7급-099
韓 한국 한 8급-048
合 합할 합 6급-028
害 해할 해 5급-089
海 바다 해 7급-046
幸 다행 행 6급-011
行 다닐 행 6급-035
向 향할 향 6급-081
許 허락할 허 5급-123
見 나타날 현 5급-054
現 나타날 현 6급-066
兄 형 형 8급-024
形 모양 형 6급-024
號 부르짖을, 이름 호 6급-095
湖 호수 호 5급-134
化 될 화 5급-007
和 화할 화 6급-135
火 불 화 8급-013
畫 그림 화 6급-139
花 꽃 화 7급-010
話 말씀 화 7급-069
患 근심, 병 환 5급-114
活 살 활 7급-042
黃 누를 황 6급-092
會 모일 회 6급-114
畫 그을 획 6급-139
孝 효도 효 7급-065
效 본받을 효 5급-092
後 뒤 후 7급-020
訓 가르칠 훈 6급-105
休 쉴 휴 7급-008
凶 흉할 흉 5급-005
黑 검을 흑 5급-150

훈과 음을 가리고
한자의 훈/음을
맞춰 보세요.

- **1판 1쇄 인쇄** | 2012년 12월 11일
- **1판 1쇄 발행** | 2012년 12월 25일
- **콘텐츠 · 감수** | 전광진
- **콘텐츠 · 구성** | WB 한자학습연구회
- **그림** | 이태영
- **발행인** | 김시연
- **편집인** | 최원영
- **편집** | 이은정, 배선임, 이희진, 박수정, 박주현, 오혜환
- **디자인** | design86
- **마케팅 담당** | 홍성현
- **제작 담당** | 이수행, 김석성
- **발행처** | 서울문화사
- **등록일** | 1988.2.16
- **등록번호** | 제2-484
- **주소** | 140-737 서울특별시 용산구 한강로2가 2-35
- **전화** | 7910-754(판매) 7999-171(편집)
- **팩스** | 7494-079(판매) 7999-334(편집)
- **출력** | 지에스테크
- **인쇄처** | 서울교육

ISBN 978-89-263-9509-7
978-89-263-9384-0(세트)

가위로 잘라서 모의시험을 치르세요.

## 한자능력검정시험

# 5급 모의시험

〈3회 분〉

- 5급 모의시험을 보기 전에…
  ① 〈한자도둑 급수격파〉로 8·7급과 6급, 그리고 5급 한자를 완전히 학습한 후에 풀도록 합니다.
  ② 시험 시간은 꼭 50분을 지켜서 풀어 주세요.

- 5급 모의시험을 본 후에…
  ① 반드시 문제를 다 풀어 본 후에 채점해 주세요.
  ② 합격 점수가 미달되더라도 애매한 답은 오답으로 처리하세요.
  ③ 틀린 문제는 확인 학습하여 다음 회 모의시험에 도전하세요.

# 한자능력검정시험 5급 모의시험 I

문항 수 | 100문항
합격문항 | 70문항
50분

**[문제 1-35]** 다음 밑줄 친 漢字語의 讀音을 쓰세요.

(1) 올해는 외국인 觀光客들이 한국을 많이 방문했습니다.
(2) 컴퓨터 프로그램의 實行에 오류가 발생했습니다.
(3) 어려운 문제일수록 곰곰이 思考해야 합니다.
(4) 국제 原油 가격이 폭등하였습니다.
(5) 韓服의 아름다움은 세계에 널리 알려져 있습니다.
(6) 最高이(가) 되기 위해서는 최선을 다해야 합니다.
(7) 모든 일에는 順序이(가) 있습니다.
(8) 이 중에 必要한 물건이 없습니까?
(9) 5월은 新綠의 계절입니다.
(10) 여러 번의 失敗 끝에 성공을 했습니다.
(11) 군인은 상부의 命令을(를) 목숨처럼 지킵니다.
(12) 商家(에)는 여러 가지 물품들이 있습니다.
(13) 歷史 속에는 위대한 위인들이 많습니다.
(14) 많은 知識을(를) 얻게 되었습니다.
(15) 서울은 조선 시대에도 都邑이었습니다.
(16) 강아지는 性質이(가) 온순한 편입니다.
(17) 예전에 문경시는 石炭 사업을 했습니다.
(18) 선거철에는 政治활동이 활발합니다.
(19) 학생은 學業에 충실해야 합니다.
(20) 旅客船이(가) 인천 항구에 입항합니다.
(21) 수족관에는 희귀한 魚類이(가) 많습니다.
(22) 오늘은 奉仕 활동에 참가하는 날입니다.
(23) 이번 방학에는 獨島(으)로 여행을 가려고 합니다.
(24) 겨울방학이 지나면 3학년은 卒業합니다.
(25) 홈런 타자가 打席에 들어섰습니다.
(26) 국회에서 올해에는 歲費을(를) 올리지 않기로 의결했습니다.
(27) 이 공사는 구청에서 許可을(를) 받아야 합니다.
(28) 선생님의 말씀을 항상 念頭에 두고 있었습니다.
(29) 이 案件에 대해서는 다양한 의견들이 있습니다.
(30) 환경 파괴로 인한 자연災害이(가) 늘고 있습니다.
(31) 안전벨트를 안 한 운전자는 團束 대상이 됩니다.
(32) 이 작품은 完成되지 않은 채 남아 있습니다.
(33) 진호는 明朗한 소년입니다.
(34) 홍길동전은 우리나라의 古典입니다.
(35) 하은이는 5급 한자능력검정시험에 合格하였습니다.

**[문제 36-58]** 다음 漢字의 訓과 音을 쓰세요.

| | | |
|---|---|---|
| (36) 初 | (37) 店 | (38) 産 |
| (39) 福 | (40) 操 | (41) 財 |
| (42) 價 | (43) 橋 | (44) 害 |
| (45) 倍 | (46) 鐵 | (47) 屋 |
| (48) 曜 | (49) 熱 | (50) 的 |
| (51) 浴 | (52) 種 | (53) 板 |
| (54) 選 | (55) 當 | (56) 具 |
| (57) 救 | (58) 規 | |

**[문제 59-73]** 다음 밑줄 친 단어를 漢字로 쓰세요.

(59) 건강을 유지하기 위해선 운동해야 합니다.
(60) 독서의 계절인 가을이 다가옵니다.
(61) 매월 한 번씩 정기적인 모임을 가집시다.
(62) 이 방향으로 가야 되나요?
(63) 승리의 여신은 우리 편입니다.
(64) 부동표가 선거에서 당락을 좌우합니다.
(65) 이 책의 주인을 찾고 있습니다.
(66) 추석날의 달은 유난히 밝습니다.
(67) 지나간 시간은 다시 오지 않습니다.
(68) 정원에 화초를 많이 심었습니다.
(69) 이 문제의 정답은 3번입니다.
(70) 세계 평화를 위하여 우리 모두가 노력합시다.
(71) 전 음악을 듣는 걸 좋아합니다.
(72) 급행열차의 속도는 완행열차의 두 배입니다.
(73) 사격 선수들이 총알을 계속 과녁에 명중시켰습니다.

**[문제 74-78]** 다음 訓과 音에 맞는 漢字를 쓰세요.

| | |
|---|---|
| (74) 들을 문 | (75) 아우 제 |
| (76) 말 마 | (77) 맑을 청 |
| (78) 서로 상 | |

**[문제 79-81]** 다음 漢字와 訓이 반대되는 漢字를 쓰세요.

(79) 後 ↔ (　　　)

(80) 去 ↔ (　　　)

(81) 夜 ↔ (　　　)

**[문제 82-85]** 다음 (보기)에서 괄호 안에 들어갈 알맞은 漢字語를 찾아 번호를 쓰세요.

보기

① 西風　② 東風　③ 無休　④ 無言
⑤ 友愛　⑥ 意思　⑦ 生心　⑧ 民心

(82) 有口(　　) : 입은 있지만 할 말이 없음

(83) 兄弟(　　) : 형제가 의좋게 사랑함

(84) 馬耳(　　) : 남의 말을 귀담아듣지 않고 흘려버림

(85) 見物(　　) : 물건을 보면 욕심이 생김

**[문제 86-88]** 다음 (보기)에서 漢字와 訓이 비슷한 漢字를 찾아 번호를 쓰세요.

보기

① 談　② 花　③ 兄
④ 立　⑤ 命　⑥ 數

(86) 言　(87) 算

(88) 建

**[문제 89-91]** 다음 (보기)에서 漢字와 音은 같지만 訓이 다른 것을 두 개씩 찾아 번호를 쓰세요.

보기

① 形　② 敬　③ 理
④ 寫　⑤ 停　⑥ 書
⑦ 里　⑧ 領　⑨ 使
⑩ 寒　⑪ 輕　⑫ 雪

(89) 査 : (　　　), (　　　)

(90) 景 : (　　　), (　　　)

(91) 李 : (　　　), (　　　)

**[문제 92-94]** 다음 (보기)에서 뜻풀이에 알맞은 漢字語를 찾아 번호를 쓰세요.

보기

① 氣風　② 風速　③ 風力
④ 日記　⑤ 日氣　⑥ 一期
⑦ 落島　⑧ 陸地　⑨ 樂島

(92) 바람의 속도

(93) 그날 그날의 일을 기록함

(94) 육지에서 떨어진 외딴섬

**[문제 95-97]** 다음 漢字의 약자(획수를 줄인 漢字)를 쓰세요.

(95) 戰　(96) 數

(97) 對

**[문제 98-100]** 다음 (보기)에서 漢字의 진하게 표시된 획이 몇 번째인지 찾아 번호를 쓰세요.

보기

① 첫 번째　② 두 번째
③ 세 번째　④ 네 번째
⑤ 다섯 번째　⑥ 여섯 번째
⑦ 일곱 번째　⑧ 여덟 번째
⑨ 아홉 번째　⑩ 열 번째
⑪ 열한 번째　⑫ 열두 번째

(98)

(99)

(100) 術

정답은 본책 185쪽에 있습니다.

# 한자능력검정시험 5급 모의시험 Ⅱ

문항 수 | 100문항
합격문항 | 70문항
50분

## [문제 1-35] 다음 밑줄 친 漢字語의 讀音을 쓰세요.

(1) 물건 價格이(가) 너무 비쌉니다.
(2) 퀴즈 대회의 敗者 부활전이 곧 시작됩니다.
(3) 여행은 見聞을(를) 넓혀 줍니다.
(4) 나의 꿈은 船長이(가) 되는 것입니다.
(5) 열심히 노력한 만큼 큰 效果이(가) 나타났습니다.
(6) 이번 추위로 농산물이 冷害을(를) 입었습니다.
(7) 화가 날 때의 感情을(를) 잘 다스려야 합니다.
(8) 오늘은 觀光하기에 참 좋은 날씨입니다.
(9) 고향에 가면 많은 親舊들이 있습니다.
(10) 작업을 끝마치고 나서 洗手을(를) 합니다.
(11) 法院은(는) 재판권을 가진 국가기관입니다.
(12) 과학 技術이(가) 발전해야 나라도 발전합니다.
(13) 아이들은 童話책을 좋아합니다.
(14) 이번 旅行은(는) 재미있었습니다.
(15) 방과 후에 축구를 練習할 예정입니다.
(16) 올해는 대통령 選擧이(가) 있습니다.
(17) 체육대회 賞品(으)로 공책을 받았습니다.
(18) 요즘 惡性 독감이 유행하기 때문에 건강을 조심해야 합니다.
(19) 나무꾼과 仙女라는 동화책이 있습니다.
(20) 권한에는 責任이(가) 따릅니다.
(21) 고려자기에는 獨特한 아름다움이 있습니다.
(22) 지난 週末에 할머니 댁에 다녀왔습니다.
(23) 대중교통인 地下鐵을(를) 이용하는 것이 좋습니다.
(24) 옛날에는 醫院이(가) 주로 있었습니다.
(25) 일할 때는 熱情을(를) 쏟아야 합니다.
(26) 해병대 自願입대가 늘었습니다.
(27) 사람은 約束을(를) 꼭 지켜야 합니다.
(28) 그 去來은(는) 부당합니다.
(29) 가을은 落葉의 계절입니다.
(30) 좁은 通路에 사람들이 몰려듭니다.
(31) 할머니께서는 德談을(를) 들려 주시곤 했습니다.
(32) 도서관에는 여러 種類의 책이 있습니다.
(33) 어젯밤에 野球 경기를 관람하였습니다.
(34) 좋은 친구는 財産보다 귀합니다.
(35) 最善을(를) 다하겠습니다.

## [문제 36-58] 다음 漢字의 訓과 音을 쓰세요.

| | | |
|---|---|---|
| (36) 船 | (37) 量 | (38) 患 |
| (39) 價 | (40) 傳 | (41) 廣 |
| (42) 變 | (43) 災 | (44) 漁 |
| (45) 貯 | (46) 臣 | (47) 鮮 |
| (48) 參 | (49) 敬 | (50) 停 |
| (51) 調 | (52) 舊 | (53) 勞 |
| (54) 勇 | (55) 卓 | (56) 英 |
| (57) 念 | (58) 偉 | |

## [문제 59-73] 다음 밑줄 친 단어를 漢字로 쓰세요.

(59) 내일은 또 다른 해가 뜹니다.
(60) 시작이 반입니다.
(61) 지구의 기후 변화로 만년설이 녹고 있습니다.
(62) 답안지에 답을 작성했습니다.
(63) 어머니께서는 화초를 잘 가꾸십니다.
(64) 주현이는 어여쁜 소녀입니다.
(65) 강산이 아름다운 나라입니다.
(66) 지금 바람의 방향이 남동풍입니다.
(67) 부모님께 효도합시다.
(68) 이 강아지의 주인을 찾고 있습니다.
(69) 우리는 매일 신문을 읽습니다.
(70) 급행열차가 달려오고 있습니다.
(71) 청년이 늙으면 노인이 됩니다.
(72) 외국인들이 시내를 관광했습니다.
(73) 학생은 학업에 열중해야 합니다.

## [문제 74-78] 다음 訓과 音에 맞는 漢字를 쓰세요.

(74) 급할 급　　(75) 익힐 습
(76) 옷 의　　(77) 여름 하
(78) 사랑 애

**[문제 79-81]** 다음 漢字와 訓이 반대되는 漢字를 쓰세요.

(79) 輕 ↔ (　　　)

(80) (　　　) ↔ 出

(81) 始 ↔ (　　　)

**[문제 82-85]** 다음 (보기)에서 괄호 안에 들어갈 알맞은 漢字語를 찾아 번호를 쓰세요.

보기

| ① 新號 | ② 亡身 | ③ 明白 | ④ 信號 |
|---|---|---|---|
| ⑤ 成家 | ⑥ 家族 | ⑦ 孫孫 | ⑧ 手手 |

(82) 自手(　　　) : 자기 힘으로 집안을 이룩함

(83) 交通(　　　) : 가라 서라 등을 나타내는 표시

(84) 代代(　　　) : 오래도록 내려오는 여러 대

(85) 敗家(　　　) : 집안도 무너지고 몸도 망가짐

**[문제 86-88]** 다음 (보기)에서 漢字와 訓이 비슷한 漢字를 찾아 번호를 쓰세요.

보기

| ① 病 | ② 室 | ③ 實 |
|---|---|---|
| ④ 冷 | ⑤ 溫 | ⑥ 原 |

(86) 果

(87) 寒

(88) 患

**[문제 89-91]** 다음 (보기)에서 漢字와 音은 같지만 訓이 다른 것을 두 개씩 찾아 번호를 쓰세요.

보기

| ① 告 | ② 曲 | ③ 屋 |
|---|---|---|
| ④ 歌 | ⑤ 死 | ⑥ 形 |
| ⑦ 合 | ⑧ 區 | ⑨ 加 |
| ⑩ 社 | ⑪ 苦 | ⑫ 命 |

(89) 家 : (　　　), (　　　)

(90) 仕 : (　　　), (　　　)

(91) 固 : (　　　), (　　　)

**[문제 92-94]** 다음 (보기)에서 뜻풀이에 알맞은 漢字語를 찾아 번호를 쓰세요.

보기

| ① 士氣 | ② 加工 | ③ 善手 |
|---|---|---|
| ④ 選手 | ⑤ 使氣 | ⑥ 加數 |
| ⑦ 加手 | ⑧ 船首 | ⑨ 事記 |

(92) 운동 경기에서 대표로 뽑힌 사람

(93) 손을 더 대어 새로운 물건을 만드는 일

(94) 병사들의 씩씩한 기운

**[문제 95-97]** 다음 漢字의 약자(획수를 줄인 漢字)를 쓰세요.

(95) 號

(96) 發

(97) 廣

**[문제 98-100]** 다음 (보기)에서 漢字의 진하게 표시된 획이 몇 번째인지 찾아 번호를 쓰세요.

보기

| ① 첫 번째 | ② 두 번째 |
|---|---|
| ③ 세 번째 | ④ 네 번째 |
| ⑤ 다섯 번째 | ⑥ 여섯 번째 |
| ⑦ 일곱 번째 | ⑧ 여덟 번째 |
| ⑨ 아홉 번째 | ⑩ 열 번째 |
| ⑪ 열한 번째 | ⑫ 열두 번째 |

(98) 度

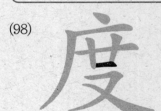

(99) 別

(100)

정답은 본책 186쪽에 있습니다.

# 한자능력검정시험 5급 모의시험 III

문항 수 | 100문항
합격문항 | 63문항

50분

## [문제 1-35] 다음 밑줄 친 漢字語의 讀音을 쓰세요.

(1) 세계의 變化이(가) 엄청나게 빨라지고 있습니다.
(2) 동생과 나는 책을 사러 書店에 갔습니다.
(3) 모두 團結하여 그들에게 대항했습니다.
(4) 훌륭한 과학자가 되기를 熱望합니다.
(5) 스포츠 英雄이(가) 탄생했습니다.
(6) 患者을(를) 잘 돌봐 주세요.
(7) 자와 컴퍼스로 주어진 角度을(를) 복사했습니다.
(8) 자동차가 터널을 通過하고 있습니다.
(9) 근무 환경이 다소 改善되었습니다.
(10) 다리를 다쳐서 病院에 입원했습니다.
(11) 貴重한 시간을 허비하지 마세요.
(12) 그 마을에는 凶家이(가) 있습니다.
(13) 통행에 不便을(를) 끼쳐서 죄송합니다.
(14) 서울역에 열차가 막 到着했습니다.
(15) 운전자가 加速하여 속도를 위반했습니다.
(16) 勞使의 갈등은 대화로 풀어야 합니다.
(17) 부모님으로부터 獨立해서 살고 있습니다.
(18) 추진 중인 계획을 신중하게 再考해 주세요.
(19) 수출하는 品目은(는) 다양합니다.
(20) 約束을(를) 반드시 지켜야 합니다.
(21) 축구팀 유니폼에는 赤色 계통의 옷이 많습니다.
(22) 그는 자신의 감정을 잘 表現하지 않습니다.
(23) 形式에 얽매이기는 싫습니다.
(24) 언덕에서 停止된 차량 아래에 있으면 위험합니다.
(25) 油價 폭등으로 전기를 절약해야 합니다.
(26) 船首에 있는 닻을 올리세요.
(27) 德望이(가) 높은 스승에게 가르침을 받았습니다.
(28) 溫氣(이)라고는 전혀 느낄 수 없습니다.
(29) 그 사건이 歷史의 흐름을 바꿔 놓았습니다.
(30) 이곳은 군사 상의 要地입니다.
(31) 자리가 다 차서 立席밖에 없습니다.
(32) 이 지역에서 석탄이 産出됩니다.
(33) 그는 시골에서 어린 時節을(를) 보냈습니다.
(34) 救急車(으)로 병원에 실려 갔습니다.
(35) 朝鮮은(는) 이성계가 세운 나라입니다.

## [문제 36-58] 다음 漢字의 訓과 音을 쓰세요.

| | | |
|---|---|---|
| (36) 士 | (37) 爭 | (38) 到 |
| (39) 河 | (40) 耳 | (41) 景 |
| (42) 商 | (43) 吉 | (44) 完 |
| (45) 能 | (46) 友 | (47) 許 |
| (48) 牛 | (49) 宿 | (50) 因 |
| (51) 局 | (52) 典 | (53) 序 |
| (54) 寫 | (55) 炭 | (56) 輕 |
| (57) 打 | (58) 安 | |

## [문제 59-73] 다음 밑줄 친 단어를 漢字로 쓰세요.

(59) 남녀노소가 다 모였습니다.
(60) 아침 일찍 학교에 등교합니다.
(61) 작년 여름은 엄청나게 더웠습니다.
(62) 젊은 세대는 인터넷 신문을 많이 봅니다.
(63) 은행은 몇 시에 문을 닫습니까?
(64) 태평양은 지구에서 가장 큰 대양입니다.
(65) 그것은 단지 시작에 불과합니다.
(66) 모든 사람의 시선이 내게 집중되었습니다.
(67) 나는 방학 때 여행하고 싶습니다.
(68) 청백전으로 가을 운동회가 시작되었습니다.
(69) 아름다운 푸른 강산을 보호합시다.
(70) 우리는 태극전사들이 대단히 자랑스럽습니다.
(71) 민심이 날로 흉흉해져 갔습니다.
(72) 이 기계는 아주 편리합니다.
(73) 행운의 여신은 우리 팀의 손을 들어 주었습니다.

## [문제 74-78] 다음 訓과 音에 맞는 漢字를 쓰세요.

| | |
|---|---|
| (74) 맑을 청 | (75) 끊을 절 |
| (76) 겨레 족 | (77) 친할 친 |
| (78) 일만 만 | |

**[문제 79-81]** 다음 漢字와 訓이 반대되는 漢字를 쓰세요.

(79) (　　　) ↔ 着

(80) 黑 ↔ (　　　)

(81) (　　　) ↔ 買

**[문제 82-85]** 다음 (보기)에서 괄호 안에 들어갈 알맞은 漢字를 찾아 번호를 쓰세요.

보기

① 金　② 河　③ 秋　④ 和
⑤ 電　⑥ 今　⑦ 男　⑧ 化

(82) 南(　　　)北女

(83) 春夏(　　　)冬

(84) 東西古(　　　)

(85) 世界平(　　　)

**[문제 86-88]** 다음 (보기)에서 漢字와 訓이 비슷한 漢字를 찾아 번호를 쓰세요.

보기

① 日　② 月　③ 年
④ 談　⑤ 初　⑥ 末

(86) 歲

(87) 始

(88) 說

**[문제 89-91]** 다음 (보기)에서 漢字와 음은 같지만 訓이 다른 것을 두 개씩 찾아 번호를 쓰세요.

보기

① 道　② 考　③ 頭
④ 類　⑤ 君　⑥ 性
⑦ 古　⑧ 都　⑨ 眞
⑩ 省　⑪ 定　⑫ 邑

(89) 高 : (　　　), (　　　)

(90) 成 : (　　　), (　　　)

(91) 度 : (　　　), (　　　)

**[문제 92-94]** 다음 (보기)에서 뜻풀이에 알맞은 漢字語를 찾아 번호를 쓰세요.

보기

① 使用　② 節約　③ 合計
④ 課題　⑤ 建立　⑥ 工事
⑦ 工場　⑧ 計算　⑨ 立席

(92) 처리하거나 해결해야 할 문제

(93) 꼭 필요한 데에만 써서 아낌

(94) 만들어 세워 놓음

**[문제 95-97]** 다음 漢字의 약자(획수를 줄인 漢字)를 쓰세요.

(95) 畫

(96) 氣

(97) 區

**[문제 98-100]** 다음 (보기)에서 漢字의 진하게 표시된 획이 몇 번째인지 찾아 번호를 쓰세요.

보기

① 첫 번째　② 두 번째
③ 세 번째　④ 네 번째
⑤ 다섯 번째　⑥ 여섯 번째
⑦ 일곱 번째　⑧ 여덟 번째
⑨ 아홉 번째　⑩ 열 번째
⑪ 열한 번째　⑫ 열두 번째

(98) 手

(99)

(100) 植

정답은 본책 187쪽에 있습니다.